JIEMI
WENMING
GUGUO

解密文明古国

刘白玉 牛建军 ◎ 编著

神奇的巴比伦

中州古籍出版社

图书在版编目(CIP)数据

神奇的巴比伦 / 刘白玉,牛建军编著. -- 郑州:
中州古籍出版社,2014.1
　(解密文明古国)
　ISBN 978-7-5348-4226-9

Ⅰ. ①神… Ⅱ. ①刘… ②牛… Ⅲ. ①巴比伦—历史
Ⅳ. ①K124.3

中国版本图书馆 CIP 数据核字 (2013) 第 075614 号

出版社：中州古籍出版社
　　　　（地址：郑州市经五路 66 号　邮政编码：450002）
发行单位：新华书店
承印单位：永清县晔盛亚胶印有限公司
开本：787mm×1092mm　　　1/16　　　印张：12
字数：139 千字
版次：2014 年 1 月第 1 版　　印次：2014 年 1 月第 1 次印刷

定价：29.80 元

本书如有印装质量问题，由承印厂负责调换。

前 言

　　人类精神的伟大之处在于从有限的肉身中不断地寻找无限的意义。当个体的追寻汇聚成一种众生的信仰时，文明的基石便开始奠定在历史的荒原里，历经数千年的风雨而不凋零败落。甚至在一切繁华逝去之后，她依然以其静默而顽强的生命力滋养着后世的灵魂。

　　人类文明起源于几大河流之畔：无论是初发于南亚次大陆的印度河文明与恒河文明，还是丰腴的尼罗河所孕育的古埃及文明，或是在底格里斯河与幼发拉底河腹地悄然生长的古巴比伦文明，这些分布于世界各地的文明都对后世产生了源远流长的影响。

　　其中，两河文明对人类社会作出的贡献是难以估量的，稍后的尼罗河文明和印度河文明在发展过程中都受到了她的影响。希腊人从那里学到了数学、物理学和哲学；犹太人从那里学到了神学并将它传播于世；阿拉伯人从那里学到了建筑学，并因此影响了整个中世纪时期欧洲建筑的构造和风格。

　　两河文明由苏美尔文明、古巴比伦文明和亚述文明三个部分组成，其中以成就斐然的巴比伦文明最为突出。

　　古巴比伦文明发源于美索不达米亚，美索不达米亚是希腊人的称法，意思是两河之间的地方。苏美尔人、巴比伦人、亚述人和迦勒底人共同在两河之间创造了古巴比伦文明。

　　古巴比伦文明经历了四个重要阶段。据历史学者推断，约在公元前4000年，居住在这一带的苏美尔人已拥有较为发达的文明。苏美尔人最早发明了表意和指意符号的象形文字，即楔形文字。他们不仅发明了文字，而且发明了用于书写文字的"泥板书"。苏美尔人创造的文明形成了两河流域文明的第一阶段。

　　到公元前21世纪，苏美尔人的帝国为外来民族所灭。两河流域中部的阿摩利人在公元前19世纪中期重新统一了两河流域南部，以巴比伦城为中心建立了古巴比伦王国，达到了两河流域文明的极盛时期，开创了美索不达米亚文明的第二阶段。

解密 文明古国

公元前14世纪前后，亚述人在底格里斯河的上游开始崛起，到公元前8世纪至公元前7世纪，其帝国达到鼎盛时期，这是两河流域文明的第三阶段。巴比伦最有名的文化成就，就是这个时期汉谟拉比国王创制的世界上第一部比较完备的法典《汉谟拉比法典》。

亚述帝国被迦勒底人推翻，两河流域文明进入最后阶段，称为新巴比伦时期。迦勒底人建都巴比伦，力图复兴巴比伦文明，但只过了88年，又被波斯人征服。公元前330年，亚历山大大帝征服了美索不达米亚，他授权希腊将领塞琉古统治该地区，史称塞琉古时期。但于公元前4世纪末逐渐衰落，都城巴比伦最后沦为了黄沙中的一片废墟。

在近代，哥伦布于1415年开辟了新航线，把一个欧洲人从未幻想过的美丽新世界展现在人们的面前。欧洲人对《圣经》中提到的美索不达米亚——两河之间的这片土地颇有兴趣，这些都大大唤起了他们对两河流域文明的探索热情，于是古巴比伦文明陆续出现在人们的视野中。巴比伦城、空中花园、巴别塔、楔形文字、神话、史诗、艺术、工艺、科技发明等，这些古代文明创造的成就让人目不暇接，对后世的影响非常深远。当这些承载着祈祷与希望的泥雕、石刻、陶器、建筑穿越时空，作为一场充满着厚重感的"伟大的世界文明"展览出现在我们面前的时候，或许我们会从灵魂深处萌生出一丝领悟，在先人遗留下来的宝贵财富中，发现我们自身的崇高与幸福。

同时不幸的是，人类的战争给这些文物造成了巨大而难以挽回的损坏。海湾战争、两伊战争、伊拉克战争使得这块曾经拥有着人类高度文明的地区混乱不堪、民不聊生。曾有报道说，驻伊联军在巴比伦古城遗址上修建了大型停车场和直升机机场，碾碎了遗址中一条有着2600多年历史的人行道，还有大量极具考古价值的砖瓦和碎石片被驻伊联军混在沙子中做了军用沙袋的填充物……

文明有时候是强韧的，如荒原野草般生生不息；文明有时候也是脆弱的，抵不住战争和炮火的摧残。如果我们面对的是一个空空荡荡的过去，那么我们势必也将面临一个信仰缺失的未来，因为我们灵魂深处需要铭刻着的是祖先留下来的遗训，手中需要紧握着的是先人传下来的文明。如果没有前人的指引，后人在历史的发展道路上又怎么能行走得通呢？

编者

目 录
CONTENTS

◎ 前 言

◎ 第一章　两河流域的历史

广阔的两河流域 …………………………………… 1
苏美尔文明 ………………………………………… 7
阿卡德王国 ………………………………………… 10
乌尔第三王朝 ……………………………………… 13
古巴比伦王国 ……………………………………… 16
亚述帝国 …………………………………………… 21
新巴比伦王国 ……………………………………… 31
新巴比伦的毁灭 …………………………………… 35

◎ 第二章　律法与教育

《汉谟拉比法典》 ………………………………… 42
两河流域的教育 …………………………………… 49

◎ 第三章　文明之花

解读楔形文字 ……………………………………… 60
文明与智慧 ………………………………………… 69
医学与巫术 ………………………………………… 81

◎ 第四章　神灵的世界

诸神的世界 ………………………………………… 85
拥有特权的祭司 …………………………………… 95

第五章　城市与建筑

古老之城——埃里都 …………………… 107
光辉之城——乌鲁克 …………………… 108
宗教中心——尼普尔 …………………… 109
帝国首都——乌尔 ……………………… 110
亚述首都——尼尼微 …………………… 114
巴比伦城 ………………………………… 120
空中花园 ………………………………… 125
巴别塔之谜 ……………………………… 129

第六章　文学与神话

神话故事 ………………………………… 136
史诗文学 ………………………………… 145
爱情诗 …………………………………… 150
寓　言 …………………………………… 152
谚语与格言 ……………………………… 154

第七章　艺术之美

圆雕艺术 ………………………………… 158
浮雕艺术 ………………………………… 161
印章艺术 ………………………………… 165
镶嵌艺术 ………………………………… 166
壁画艺术 ………………………………… 167
工艺美术 ………………………………… 167
音乐艺术 ………………………………… 170

第八章　日常生活与风俗

风俗习惯 ………………………………… 172
服装及其饰物 …………………………… 174
农业生活 ………………………………… 175
饮食结构 ………………………………… 176
食品调料 ………………………………… 181
婚嫁习俗 ………………………………… 182
丧葬习俗 ………………………………… 185

第一章　两河流域的历史

广阔的两河流域

在古老的农耕时代，河流是人类赖以生存的生命线。西亚的中心地带荒凉而干旱，幼发拉底河和底格里斯河在那里一如既往静静流淌着。这两条孕育生命的河流冲积出了一片肥沃的平原，她有一个充满了诗意的名字——美索不达米亚。美索不达米亚，这个名字来自希腊人，在古希腊语中，"美索"是"中间"或"两者之间"的意思，"不达米亚"是"河"的意思，连起来的"美索不达米亚"意思就是"两河之间的地方"。

在早期的时候，幼发拉底河并未与底格里斯河合流，而是直

古巴比伦王国

接流入波斯湾。后来由于河水带来的泥沙使河床不断抬高，两河的河口不断南移，最终才交汇在一起。在陶鲁斯山脉一带，幼发拉底河与底格里斯河被宽约400公里的草坡分开。在杰拉布鲁斯，幼发拉底河和地中海只有160公里的距离，经过此处后地中海开始流向东南方，逐渐靠近底格里斯河。在今天的巴格达附近，两河间的最短距离只有3公里，随即河道又迅速分开，直到靠近入海口的库拉那才会合，最后注入波斯湾。

两河的上游地带几乎都在山岭和高原之中，他们的下游则形成了一块巨大的冲积平原，也称三角洲，这里就是古希腊人称之为"美索不达米亚"的地方，人们也习惯称之为"两河流域"，也有一些西方地理学家对其的称呼是"巴比伦尼亚"。此外，它还被称为"肥沃新月"，因为这块三角洲平原从西北伸向东南，形似新月，同时也因为在古时这一地区河渠纵横，灌溉便利，土地肥沃，农业发达，因而被命名为此。

两河流域是人类古老文明的发祥地之一，它所处的位置是在小亚细亚、伊朗高原和阿拉伯半岛的中心地区，也就是今天的伊拉克一带。作为西亚交通要地和各民族交流的地区，它在历史上直到现在所处的战略地位都是非常重要的。

幼发拉底河

幼发拉底河流域是美索不达米亚南部古老文化的发祥地。公元前1000年初期，该河流域分别为南部的巴比伦人、中部的阿拉米人和北部的赫梯人所占据。

幼发拉底河是西亚最长的河流，它的两个源头位于凡湖（土耳其最大的湖泊）和厄泽鲁姆之间。幼发拉底河先呈"之"字形穿过土耳其，然后经叙利亚东部转头流向东南，沿途只有一条名为喀布尔河的重要支流。

在《圣经》中幼发拉底河又称为伯拉河。《圣经》最早提到幼发拉底河是在《创世纪》的第二章中：它是继比逊河、基训河及底格里斯河之后,第四条从伊甸园流出来的河流。在上帝允诺赐予亚伯拉罕及其后人土地(迦南)时,幼发拉底河是这块地域的边界之一。

底格里斯河

底格里斯河是西亚水流量最大的河流。底格里斯河的河水从凡湖西部的哈扎古鲁小湖源头开始汇聚,然后流向东方,再折向东南,流经尼尼微和亚述高原。

与幼发拉底河不同的是,底格里斯河沿途的支流很多。底格里斯河两岸湖泊成群,沼泽密布。河水主要靠高山融雪和上游春雨补给,每年3月涨水,5月水位最高,因沿着山麓流动,沿途支流流程短、汇水快,常常出现河水暴涨、洪水泛滥的现象,因而形成了河流沿岸广阔肥沃的冲积平原,后来这些土壤肥沃的冲积平原成为了伊拉克重要的灌溉农业区。

《圣经》也最早提到底格里斯河,在《创世纪》的第二章中提到此河是流经伊甸园的四条河之一,在《圣经》中底格里斯河依照希伯来语被称为希底结河。

温润如春的伊甸园

假使你是从乐园里来的,
可以对我们说吗,
华羽的乐园鸟,
自从亚当、夏娃被逐后,
那天上的花园已经荒芜到怎样了?
——戴望舒《乐园鸟》

在犹太人和希腊人的笔下,美索不达米亚是一个人人向往的天堂,《圣经》中提到的伊甸园就在这里。不过,今天的两河流域,气候和自然条件显然已经和犹太人与希腊人所描述的情况大相径庭了。

现在的美索不达米亚气候干燥,土壤裸露,沙丘遍野,而且如所有的荒漠地区一样，这里降水稀少且温差较大。比如伊拉克首都巴格达全年降水量仅为15mm，6月至9月则为零；夏季气温高达49℃，而冬季气温可下降到-8℃。即使到了传说中的"伊甸园"库尔拉，你也一定会大失所望。如今的这里只剩下一片荒凉，离河岸不到1公里的地方，除了生长着一种结节荆棘（据说是传说中的"善恶知识树"），映入眼帘的全是荒漠和沙砾。这种恶劣的自然条件，很难让人想象几千年前的美索不达米亚竟是孕育人类发达文明的摇篮。

地质学关于环境变迁问题的研究学者们对美索不达米亚几千年前的气候状况提出了创见性的论断——那就是在距今6000年至4000年前，两河流域当时的气候确实是湿润宜人而不是干旱恶劣的。地质学家还通过放射性碳年代测定、氨基酸差位异构分析以及花粉分析等一系列科技手段确定了距今6000年至4000年前两河流域曾经存在着湿润气候。

地理学家拉姆认为，在冰河后期最温暖的那段时期里，整个地中海附近大部分地区都是干旱少雨的。但是，由于这一时期西南季风的扩张和季风雨的滋润，在伊拉克北部存在着湿润的气候，之后考古学家在这一地区进行的发掘工作也证实了拉姆的结论的正确性。

从基什、尼尼微等遗址的考古发掘表明，在公元前4000年至公元前2000年间，土层间断的现象说明这一地区曾经频发洪水。而且考古学家从这些遗址出土的泥板文献中发现了关于特大洪水的记载以及苏美尔人如何建筑堤坝的描述，这也为论证这一时期有着湿润的气候提供了有力的佐证。

同时，历史学家也通过大量的调查研究证实在那时的两河平原之上确实有一片林木繁茂、垄亩青青的绿野，那里沟渠纵横、河网密布、人口稠密。美索不达米亚附近的亚美尼亚山区丰沛的降水源源不断地注入到幼发拉底河和底格里斯河之中，两河丰足的水量又滋润着平原广阔的土地。

因此我们可以想到，如果没有两河流域充沛的水量，美索不达米亚人如何汲取足够的淡水去灌溉农田；如果没有季风雨的惠泽，在干旱荒芜的土地上又怎能开出绚丽的文明之花。

所以可以肯定的是，在美索不达米亚文明形成的关键时期，自然条件是非常适宜的，也就是说，恰恰是在这个气候湿润的最佳时期，古代美索不达米亚人创造了人类历史上最古老的文明。因此，犹太人和希腊人曾经把美索不达米亚称为"天堂"也并非虚言。

历史链接

荒芜的伊甸园

《圣经》中写道：亚当是上帝用黏土创造的第一个人。在希伯来语中，"亚当"是"人"或"男人"的意思。上帝把气吹进泥人亚当的鼻孔里，使他成为有灵性的活人。之后，在东方一个名叫伊甸的地方，上帝在那儿造了一个花园，这就是后人所说的伊甸园，又叫天堂或乐园。花园里各种各样的树木比比皆是，这些树木令人赏心悦目，果实品尝起来香甜可口。在花园的中央，长着一棵生命之树。按照上帝的旨意，亚当在伊甸园里居住，负责照料和管理花园。上帝告诫他，园里的各种果子他都可以吃，唯独生命树上的果子碰都不能碰，否则必死无疑。同时，上帝还为亚当准备了一位配偶。在为亚当创造这位妻子时，上帝先让亚当沉睡，然后从他身上取出一根肋骨，用这根肋骨做成了女人，把她领到了亚当的面前。上帝给亚当的妻子取名为夏娃，"夏娃"在希伯来语中是"赋予生命的女人"之意。亚当说："这是我骨中的骨，肉中的肉，因为她是从男人身上取出来的，因此可以称她为女人。"这就是为什么婚姻会被描述成"人要离开父母，和妻子结合，两人连成一体"的原因。

当时，亚当和夏娃都全身赤裸，但他们并不感到羞耻。在上帝创造的各种动物中，蛇最狡猾。一天，蛇问夏娃："生命树上那么美味的果实你为什么不吃呢？"夏娃回答道："人吃了那果子会死的。"蛇却阴险地说："你们吃了那果子未必会死，上帝之所以说果子不能吃是因为他害怕你们吃了那果子后，眼睛会变得明亮起来，将会和上帝一样知善恶。"

望着生命树上诱人的果实，夏娃禁不住诱惑摘下一颗吃了下去。然后，她又给亚当摘了一颗，他也吃了。他们的眼睛立即变明亮了，这时，他们惊讶地发现自己原来没有穿衣服，顿时感到无比羞愧，于是马上用无花果树的叶子编成裙子穿在身上以遮蔽躯体。

一天黄昏，他们发现上帝在园中散步，于是马上躲藏在了树林之中。"你在哪儿？"上帝问亚当。"我在园中，因为我赤身裸体，听到您的脚步声，就惊慌地躲起来了。"亚当回答道。上帝责问道："这是谁告诉你的？你是不是偷吃了智慧之树的果实？"亚当说是夏娃给他吃的，上帝又问夏娃："你为什么这么做？"夏娃说她之所以偷吃禁果是因为受了蛇的引诱。

听完之后，上帝大怒，他决定不能轻易饶恕他们。他诅咒蛇以后要用肚子前行，吃尘土，与女人及其后代为敌；他又诅咒女人分娩时要饱受痛苦，要服从丈夫的管束。上帝还诅咒亚当："你听从女人的话偷吃了禁果，因为你的缘故，土地一定会遭到诅咒，荆棘丛生、蒺藜遍布。要想从地中获得食物，你必须终身劳作。你必须忙到汗流浃背才能勉强维持生活，直到你归入泥土。你死后必定要归于泥土，因为你本来自泥土。"

惩戒完他们之后，上帝用兽皮给亚当和夏娃做了衣服，以让他们遮体。紧接着亚当和夏娃就被上帝从伊甸园中赶了出去，因为上帝怕他们再偷吃生命树上的果子，变得和神一样永生。在伊甸园的东面，上帝安排了基路伯和一把能发出火焰的剑把守着伊甸园的大门，阻挡亚当和夏娃进入。传说，基路伯是一种神奇的动物，长着翅膀，是上帝权威和存在的象征。但也有一些人认为基路伯就是长着翅膀的天使。人类的祖先就这样被上帝赶出了伊甸园，而且再也没被批准重返园中。从此以后，人类失去了天堂。

苏美尔文明

最早的居民——欧贝德人

早在旧石器时代就有人居住在美索不达米亚,考古学家发现了很多处于这一时期的洞穴遗址。公元前6000年,美索不达米亚北部形成了小规模的灌溉农田。也许是因为依赖农耕生活的人数日益增多,所以在当时扩建灌溉水渠、水道、水池等基础设施的需要就显得非常突出了。考古学家还发现,在同一时期的美索不达米亚的南部已经有金属器具出现,人们利用金属制造了鱼叉等工具。

埃里都是这里最古老的居民点之一,这从传说和考古发掘的资料中都能找到证据,大约公元前4300年至公元前3500年间,埃里都产生了欧贝德文明。依据美索不达米亚南部一处小遗址的名字,考古学家把这段时期称为欧贝德时期,这一时期创造的文明成果是令世人惊讶的。欧贝德文明的主要标志是彩陶和神庙建筑。在欧贝德初期,由于生产力水平很低,在此地还没有出现贫富两极分化的迹象。

美国学者S·N·克莱默教授是世界著名的苏美尔学家,他认为,在苏美尔人到来之前,欧贝德人就已经在美索不达米亚长期定居,因此美索不达米亚最早的居民是欧贝德人。他指出在公元前5000年左右,两河流域平原上到处都能看到

欧贝德时期的陶器

欧贝德人用泥砖建造的村落，甚至还有雄伟复杂的神庙。到了大约公元前4000年，欧贝德人所形成的影响已经冲出了两河流域南部，遍及整个近东。

文明的开拓者——苏美尔人

苏美尔人，是历史上两河流域早期的定居民族之一，他们所建立的苏美尔文明是整个美索不达米亚地区最早的文明。苏美尔文明主要位于美索不达米亚的南部，放射性碳十四的断代测试表明苏美尔文明的开端可以追溯至公元前4000年左右，结束期大约在公元前2000年，被闪米特人（闪族人）建立的巴比伦文明代替。

苏美尔人是人类城市文明的开创者，他们进行城市建设，在城市周边发展农业，他们的成就体现在建筑、社会组织、文化教育等各个方面。在生活方面，可以说苏美尔人在当时就已经过着丰富多彩的生活了。在政治方面，政权集中形式也逐渐从部落集中或氏族集中过渡到整个社会的范围。在两河流域的土地上，耸立着高高的祭坛、塔庙，每个人的心中都对这片土地充满了敬畏与自豪之情。

此外，两河流域的艺术、科技、工业生产、商业贸易等方面都得到了相应的发展。苏美尔人提出的各种思想观点以及创造的技术与发明被后来的巴比伦人、亚述人等继承并发扬光大，在东西方之间流传很广，并且几乎在所有古文明乃至我们今天的文化中都留下了无法磨灭的痕迹。同时，他们使美索不达米亚走进了文明时代，为两河流域的文明奠定了基础。

其中尤为重要的是，苏美尔人发展了书写技术，并借助这一先决条件开创了人类有文字记载的历史新纪元。他们的文字形如楔子，因此被称为楔形文字，是人类最早一种用符号表述语言的手段。之后的巴比伦人、亚述人将其进一步发展，形成了最早的实用书写系统，彻底改变了人们过去的交流方式，对全人类文明的传播与传承都产生了深远而巨大的影响。

苏美尔人的"身世"之谜

对于苏美尔人来说,最大的疑问点还是他们的身世之谜。我们在询问,他们是从何处来到美索不达米亚平原的呢?

一个可能性是他们从伊朗高原的崇山峻岭而来,因为出土的苏美尔人早期建筑物都是按照木结构原理建造的,而木结构建筑通常只是在树木茂密的山区才被广泛使用。不过,这个结论与苏美尔人自己的神话传说有出入。另一个与之相反的推论是,他们从波涛汹涌的海上来到这片河流入海口的地方。因为在乌尔王陵(苏美尔古城乌尔出土的墓葬)出土的王后普阿比的陪葬品之中,有着一金一银两个长度均为0.6米左右的小船模型。

因此,有的研究者认为,我们可以从生活在阿富汗山区到印度河谷的居民之中寻找到苏美尔人的踪迹,这一区域大约在美索不达米亚平原以东将近2500公里的范围之中。这个假设似乎很快就得到了考古学家的证实,因为在印度河河谷发掘出了一个文明高度发达的古代遗址,在其出土的文物之中有几个长方形的印章,无论从外观上看,还是从图案风格上看,都与乌尔古城遗址中挖掘出来的印章十分相似。

但是,仍有一个后人无法解释的问题,那就是在远古时代,一个古老的民族或国家的百姓全部迁徙到远在2000多公里以外的地区之后,为什么没有在其民族神话中留下一丝线索,也没有在文化典籍里保存一点记载。

所以,尽管人们经过千辛万苦寻找苏美尔人的家园,从而也证实了苏美尔文明的存在,且这种文明对美索不达米亚地区整个文明的形成有着直接的推动作用,苏美尔人从何处而来的问题却始终得不到令人满意的答案。其实,苏美尔人的神秘之处远远不止这一点,还有如苏美尔人的寿命长得出奇和非常有智慧等。不过，这些内容都是记载于泥板之上的，情况是否属实，这需要后人的考证。而唯一无庸置疑的，便是那些在乌尔古城遗址周边的平原上建立起来的大大小小的阶梯形金字塔。

这些金字塔的用处何在？根据泥板上的记载，这些阶梯形金字塔全是用来进行祭祀的，因为苏美尔人的神总是高高地居于神山之巅，所以需要人们在金字塔顶来祈祷，使人能够接近神的宫殿，让神便于接受人的礼拜。这种顶礼膜拜的祭祀方式，在美索不达米亚平原上迅速传播开来，并且保持了数千年之久。从巴比伦王国到亚述王国，从巴比伦城到尼尼微城，随处可见这样的阶梯形金字塔，甚至连《圣经》里提到的巴别塔，它的外形也是阶梯形状的。在当时如果能够建成，其外形也将是一座小型的阶梯形金字塔。

也许，随着考古发掘工作的进一步开展，我们将会对苏美尔人及其创造的文明成果有更新的认识与更深的了解。

阿卡德王国

公元前3000年左右，两河流域的北部来了一支说着闪米特语的沙漠游牧民族，因为之后他们在阿卡德建立了国家，所以被称作阿卡德人，也叫闪米特人。他们骁勇无比，能征善战。大约在公元前2371年，在萨尔贡一世的领导下，闪米特人统一了两河流域，开辟了萨尔贡帝国的新纪元。他们的到来终结了苏美尔人对美索不达米亚地区的统治。从此，闪米特人在两河流域占据了主导地位，而美索不达米亚也进入了多民族不断混战而又相互融合的历史时期。然而，也正是这些民族的相互争战与交流创造了美索不达米亚的文明。

萨尔贡一世

萨尔贡一世，作为统一了两河流域的第一位帝王，他在历史上扮演了非常重要的角色。

萨尔贡是一位充满传奇色彩的人物。他出身于两河流域南部偏北的基什城邦，是一个私生子，被狠心的母亲丢弃在幼发拉底河边。这个弃婴后来被一个好心的园丁收养，他长大后继承了养父的职业。萨尔贡以其聪颖的天资和出色的技艺被征用为宫廷园丁并兼做国王的厨师。两河流域南部诸城邦之间的争霸战争把这个臣仆推上了人生道路的最高峰。

当时，两河流域南部已经逐渐分化成了南北两个部分。南方称苏美尔，最强大的城邦有乌尔、乌鲁克、拉伽什等；北方被称为阿卡德，其中最为强大的城邦就是萨尔贡所在的基什。公元前2300年，各城邦之间的争战不断升级，每个统治者都为霸主之位争红了双眼。乌玛国王卢伽尔扎吉西很有希望成为最终的霸主，他打败了拉伽什等城邦的统治者，大有统一南方之势，并且出兵欲征服北方的基什。

面对强悍的乌玛军队，基什的贵族们手足无措，很快他们就吃了败仗，国家危在旦夕，矛盾重重。公元前2371年，宫廷园丁萨尔贡乘机发动武装起义，夺取了政权。刚开始，由于新的政权根基尚未稳固，他仍沿用基什国号。后来，他新建了阿卡德城并迁都于此，然后将国名改为阿卡德。

萨尔贡登基不久之后便显示出了他异于常人的军事与治国天赋，国家实力在他的统治与管理下蒸蒸日上。于是，在两河流域形成了两大强权对峙的局面，萨尔贡同对手卢伽尔扎吉西举行了多次会晤，想解决国家边界和势力范围问题，

萨尔贡一世

均未获得满意的结果。

双方之间的战争终究没有避免,战斗进行得异常惨烈,苏美尔多数城邦都被卷入了这场战争。萨尔贡成为笑到最后的王者,一代枭雄乌玛王卢伽尔扎吉西被活捉,并备受耻辱地被套狗的绳索牵到神庙前献祭。乌玛国分崩离析之后,其他苏美尔的城邦更无力同萨尔贡对抗,乌尔、乌鲁克、拉伽什等城邦先后被阿卡德王国征服。除此之外,萨尔贡还远征到东方的埃兰,甚至到达了小亚细亚和黎巴嫩山脉地区。萨尔贡先后出征34次,可以说是所向无敌,被人们称为"真正的王"。萨尔贡的终身事业和爱好就是征战,在此过程中组建了一支由自己指挥的核心军团,这就是两河流域历史上第一支常备军。

除了战功显赫之外,萨尔贡还有一个历代帝王都难以企及的成绩——他在位时间长达55年,如此长的在位时间让萨尔贡有足够的精力来经营和打理他的庞大王国。

萨尔贡建立了两河流域首个中央集权制度,他自称是女神伊什达尔宠爱的人。他以10日行程范围作为1个行政区,命王族子弟为总督,阿卡德贵族为骨干,并吸收了一些归顺的当地贵族担任官吏,这种方式已开始具备行省制度的雏形。园丁出身的萨尔贡还十分重视农田水利建设,在国内建立了规模巨大的灌溉网络。

另一方面,阿卡德人在跟随萨尔贡南征北战的同时,他们的生活方式也发生了很大的变化。这些游牧民逐渐改变了从前习惯到处流浪、居无定所的生活方式,开始学会定居。他们拆掉帐篷,建起砖房,学习种植和商业活动。此外,他们从被征服的苏美尔人那里,还学习和发展了楔形文字,苏美尔日历、度量衡、数字系统和行政管理方法也被他们一一采用。于是,被征服者的先进文化渐渐同化了之前粗野的阿卡德人,阿卡德人淡忘了昔日在沙漠里的游牧生涯,荒废了马背上的武艺,失去了征战的锐气,萨尔贡帝国在不知不觉中慢慢走向衰落。同时,萨尔贡虽然颠覆了原有的政治格局,但他的统治并没有想象中的那么稳固。苏美尔诸城邦在过去的年岁里又缺乏"统一"的传统，许多原有的地方贵族都在蠢蠢欲动，所以到了萨尔贡晚年，国内爆发了大规模的起义，这位"真正的王"被围困在首都。虽然最后这场起义被镇压，但曾经强盛一时的阿卡德王国也因此元气大伤，风烛残年的萨尔贡对此也已经无力回天了。

风雨飘摇的阿卡德王国在萨尔贡死后又延续了一个多世纪的统治，最后被游牧民族古蒂人所灭。阿卡德王国的历史不长，但它是第一个统一了两河流域的国家，这在历史上的意义是非同寻常的。比如说两河流域的农业发展需要大型水利灌溉系统，而这只有统一的国家才有能力完成。在它之后，生活在这片土地上的每一个雄心勃勃的君王都把统一两河流域作为自己的奋斗目标。一个又一个统治范围不断扩大的帝国陆续出现在这块古老的土地上，直至后来洲际大帝国的诞生。

乌尔第三王朝

公元前2120年左右，乌鲁克出现了一位名叫乌图希加尔的国王。乌图希加尔在位期间励精图治，乌鲁克在他的领导下逐渐复兴强大起来。在其他南部城市盟友的协助下，乌图希加尔俘获了古蒂人的末代君主梯里根，推翻了古蒂人的统治，把古蒂人全部赶出了苏美尔，使王位终于复归苏美尔。

乌尔纳姆王

公元前2112年左右，乌图希加尔亲自委任的乌尔总督乌尔纳姆登上王位。乌尔纳姆同样也是一位贤明能干的君王，他统一了美索不达米亚，建立了乌尔第三王朝。乌尔第三王朝同样实行中央集权统治，国王集军事、行政和司法权于一身。从

解密 文明古国

乌尔纳姆王铜像

此,乌尔纳姆称呼自己为"苏美尔和阿卡德之王"。

乌尔纳姆王重新修订了苏美尔法律,颁布了《乌尔纳姆法典》,这是迄今为止所发现的最古老的成文法典。尽管被保存下来的法典已残缺不全,但是我们仍然能从序言的内容中看到当时社会的法治情况:"这位伟大的勇士、乌尔的君王、苏美尔和阿卡德的君主乌尔纳姆在这个国度内确定了平等的原则,消除了凌辱、暴力和冲突。孤儿不再交由富人处置,寡妇也不再被交给有权有势的人。"

法典中的许多法令以赔偿规定为主要内容。例如,以赔偿白银代替体罚。这样,甲若砍掉乙一只脚,则须赔偿10谢克尔白银。砍掉鼻子则罚金更高,是三分之二米纳即40谢克尔白银。这些大笔的罚金不仅反映了乌尔纳姆王国经济的繁荣,同时也比阿卡德帝国在法律执行方面表现得更有秩序。高度集权的官僚制度使得官员们大大小小的事务都要向国王报告——不管是劳动者的日薪等级,还是国家控制的酿酒厂生产的啤酒浓度,这些都逃不开君王的监管。

乌尔纳姆还是这个国家伟大的建造者。从这一时期出土的小雕像中我们可以看到,他经常以运送建筑材料的形象出现。同时,保存下来的地基用砖上大部分都盖有他的印章。他为都城建造了气势雄伟的新城墙,为方便农业灌溉和交通运输他指挥国民开挖了运河,在他领导下兴建或重建的庙宇遍及全国。在城市的神庙建筑群内,他到处修建作为神庙中心的金字形神塔。其中,气势最雄伟同时也保存得最好的建筑物是奉献给月神南纳的大金字形神塔。

在政治方面,乌尔纳姆使中央集权得到进一步强化,国王的权力高于一切。他负责任命官员，统帅军队，控制法庭，他集军、政和司法于一身并且还被神化了。地方上的城邦由一名外地总督治理，他们通常都是国王的亲属。总督与高级军官即该区司令官共享权力，直接向国王负责，这样地方贵族的势力进一步遭到削弱。此外，粮、油、羊毛、盐和铜等重要的物资价格均由中央规定。

乌尔第三王朝时期的经济水平有了进一步的提高，特别是王室的经济发展情况最为突出。这时的神庙收入大多归王室所有，王室还占有全国大部分的土地，财富迅速地积累在了王室成员的手中。王室的大庄园遍布全国各地，而在庄园中劳动的主要有两种人，一是战俘奴隶，二是半自由民。由于自由民的分化和债务奴隶的增多，奴隶的地位十分低下，他们的处境惨不忍睹。乌尔第三王朝的阶级矛盾开始越积越深。

乌尔第三王朝的没落

在乌尔王朝时期，国家的自然地貌产生了较大的变化。为干旱土地提供充足水源的幼发拉底河在这段时间里发生了改道，坐落于河畔周边的一些苏美尔城市成为了气候干热的高原城市。而且乌尔纳姆死后，由于王位继承人的无能，国力也以惊人的速度衰退，那些居住在苏美尔疆土之外的沙漠和山地地区的民族开始频繁向这个国家进逼。

在舒辛统治时期的泥板文书上记载了最早的外族入侵记录。入侵者是阿摩利人，他们被看成是野蛮的流浪者，是一个"不知五谷、房屋和城市为何物"的民族。舒辛统治的第四年，帝国在乌尔北部修筑了防御工事，以此来遏止阿摩利人的入侵。

到了舒辛统治末期，东部的埃兰人蠢蠢欲动，对帝国构成了新的威胁。在多次袭击下，乌尔王国开始暴露出明显的衰落迹象。从内政上来说，地方总督一职原本由国王任命，后来渐渐地成为了地方贵族的世袭。再加上薄弱的交通运输环节，于是地方的分裂活动和脱离行为对于中央政府而言成了常事。

在伊比新统治的初期，阿摩利人开始大量进入两河流域，给乌尔第三王朝带来了许多不利的影响。在伊比新统治的第四年，埃兰叛变，成为乌尔第三王朝的敌对国。到了第七年的时候，总督伊什比伊拉趁国都经济困难之际夺取了对伊比新和尼普尔的实际控制权。几年后，伊什比伊拉凭借自身强大的实力割据伊比新自立为王，并控制了两河河谷的大部分地区，杀死或监禁了忠于国王的少数派分子。

公元前2004年，埃兰人趁虚而入，包围了乌尔。他们攻陷了这座古城，国王伊比新战败被俘。当时有一篇苏美尔人创作的文章，里面这样描述当时乌尔的场景："他们僵卧在城墙上（国家在呻吟）！在伟大的城市门槛，过去人来人往，现在陈尸遍地。国家的血液，好像铜铅一样，它的尸体好像火中的油脂一样消失了。它的人们来不及穿上盔甲就死于长矛之下。他们流血倒下之处，曾是母亲的产床。"

就此，象征着"苏美尔的复兴"的乌尔第三王朝走向灭亡。

古巴比伦王国

乌尔第三王朝的灭亡标志着苏美尔人的统治在美索不达米亚历史舞台上的落幕。此后相当长一段时间里，美索不达米亚都处于多国林立的状态之下。

公元前1894年，阿摩利人的首领之一苏姆·阿布建立了一个闻名遐迩的国家。他选择了一座位于基什以西几公里、幼发拉底河左岸的城市作为都城，该城在美索不达米亚历史上具有非常重要的战略地位，它就是后来被我们所熟知的的巴比伦城。苏姆·阿布建立的王国史称古巴比伦王国，或称巴比伦第一王朝。巴比伦的前五位国王总共花了将近60年的时光储备国力，并逐渐地控制了整个阿卡德地区。到公元前1792年，巴比伦出现了一位杰出的政治家——汉谟拉比，汉谟拉比是古巴比伦历史上最具有开拓精神的国王。

古巴比伦王国

国王汉谟拉比

汉谟拉比从他父亲辛·穆巴里特手中接过来的是一个领土范围仅限于西帕尔和马拉德之间的小国，同时在它周围强敌林立。

他制订了雄心勃勃的征服计划，但他并不急于求成。首先汉谟拉比致力于巩固内政、发展经济，积蓄了一定力量后，才开始对外扩张，他采取了远交近攻的策略。首先，在承认亚述统治的同时，又与北方的马里和南方的拉尔萨结盟，同时消灭了南方的近邻伊比新。之后，继续加强与马里的关系，计划进攻拉尔萨。他帮助马里摆脱了亚述的控制，还击退了经常入侵马里的埃什努那。

第二年，汉谟拉比打败了拉尔萨。随后，他立即挥师北上，征服马里，并把马里这座繁荣的城市夷为平地。此时，汉谟拉比的强敌只剩下了亚述和埃什努那。他曾多次战胜亚述及其盟军，并占领了亚述南部的疆土，但始终未能将其完全征服。

在汉谟拉比统治的第38个年头，他攻占了埃什努那。至此，汉谟拉比创建了一个领土疆界从波斯湾横跨到地中海的奴隶制大国，两河流域得到了空前的统一。汉谟拉比自豪地称呼自己为"强大之王,巴比伦之王,阿穆鲁全国之王,苏美尔和阿卡德之王,世界四方之王",古巴比伦王国在他的带领之下鼎盛一时。

汉谟拉比建立了统治牢固的中央集权国家,国王一人独揽国家的军政权、立法权和司法审判权,以及设定了为此服务的庞大而比较完善的官僚体系。在享有一定程度自治权的城市,国王则通过城市行政机关贯彻自己的意志。中央政府通过与地方行政长官的书信往来及派遣王室官员或国王的私人代表前往视察与监督以保持中央与地方的联系。

在政治方面,汉谟拉比拥有一套高效率的官僚制度,各种官吏由国王本人直接任免。各行省和城市总督的重要职责之一就是管理王室土地:对合法占有的土地给予保护,对非法占有的土地予以没收;出租王室土地,负责征收各种租税。例如在一封写给名叫沙马什·哈西尔的人的信中,汉谟拉比这样说道:"你先前获取的,现在仍在你手中的恩利勒·沙杜舒的土地……如果你尚未全部出租,请记录下他先前的俸禄田为20布尔,并通知我……如果你已全部出租出去,记录下你手中现有的20布尔灌溉田,并通知我。"

汉谟拉比和中央政府对地方官员实行了严密的监督和控制,国王的信使遍布全国,他们会及时把各地情况上报给国王和中央政府。从汉谟拉比给手下官员的许多书信内容中可以看出他直接控制着国家一切重要事务。地方官员如有不轨之举,受害者可直接上诉至中央政府乃至国王本人。例如,一位叫伊什米阿尼的人写信给汉谟拉比,状告沙马什·哈西尔夺占了他父亲传下来的田产并给了另外一个人。汉谟拉比闻讯后立即写信责问沙马什·哈西尔:"曾几何时可以没收永久性财产?核查此事,如果田产确系伊什米阿尼得自其父,应把土地归还给他!"

从材料看,汉谟拉比身边有一群官居要职之人,他们构成中央政府的核心。其中较为著名的一位官员是鲁·尼努尔塔。他不仅掌管王室事务,也负责公社事宜;他既执行国王的命令,又在某些方面有独立决定权。如果有人在地方蒙冤,可直接上书鲁·尼努尔塔,他有时会直接做出最后裁决,有时会把案件移交给地方行政机关,后者根据他的指示进行处理,并把处理结果报告给他。同时,地方的总督直接听命于他。他还参与国王政策的制定,汉谟拉比在处理一些问题的时候会经常征求并采纳他的建议和意见。

汉谟拉比出于对神的敬畏和突显自己高贵身份的目的,他决心要"给这片土地带来正义的法律,去消灭缺德和邪恶的人,从而使强者不伤害弱者"。通常,上诉到国王的案子将通过三种途径得到解决:其一,国王(或国王的法官)亲自审理并做出最后裁决,一般情况下证人要前往巴比伦出庭;其二,国王做出指示,然后移交地方当局执行,国王要听取最后的处理结果;其三,国王将整个案子全权交由地方法官办理,最后听取结果。国王或中央政府对地方法庭实行监督和控制。

在军事方面,汉谟拉比建立了严格的军事制度,他组建了一支常备军作为专制统治的支柱,军队的最高指挥官称为将军,由国王任命。汉谟拉比实行份地与军事义务相关联的兵役制度,军队中的战士拥有世袭的份地,提高士兵的地位,规定士兵服役义务。汉谟拉比从经济方面保证士兵的地位,使国家有一支随时可征召的军队。汉谟拉比亲自掌管并独揽了军队大权,他可以任意调拨军队。例如,他曾命令辛·伊丁那姆把他所控制的一支队伍并入另一人统领的军队,不得延误。在另一封给辛·伊丁那姆的信中,汉谟拉比命令他"从乌尔城一带的部队中抽出90人,派到一只船上去"。

在经济方面,汉谟拉比加强了对国内经济的控制。国家对地方征收各种赋税,汉谟拉比还会亲自处理地方上呈送来的经济案件。值得一提的是,他把神庙经济完全纳入王室经济,使其成为王室经济收入的一部分。在汉谟拉比以前,神庙官员自称为"神庙仆从"，或某位神人的仆从。从汉谟拉比开始，他们改称"国王的仆从"。汉谟拉比还掌管着地方神庙的收入。例如，他曾命令手下催促一些神庙官员迅速到巴比伦向国王汇报账目情况。在当时的巴比伦，灌溉农业在两河流域经济中占有重要地位，因此汉谟拉比非常重视水利工程的建设和管理。汉谟拉比在位的时候大力兴修水利、开凿运河，并将水利系统置于统一管理之下，还重修了汉谟拉比运河。

汉谟拉比竭力神化自己并极力宣扬王权神授的观点。他自称为"天神安努与地神恩利勒所宠爱之人"、"恩利勒所任命的牧者"及"众神之王"，其权力来自于享有统治全人类大权的巴比伦主神马尔都克的授予。为满足中央集权制度的需要，他还将马尔都克的地位提高到众神之上。同时，也为各城之神修筑或重建庙宇，以实现被征服地区居民在精神上对君王与国家的归附。

古巴比伦的灭亡

古巴比伦王国的繁荣很大程度上依赖的是汉谟拉比的强权统治，其根基并不稳固。公元前1750年汉谟拉比去世，其子萨姆苏伊鲁纳继位，王国渐渐陷入内外交困的境地。在其统治早期，埃兰边界地区发生暴动，这场战争持续了两年多，最终被萨姆苏伊鲁纳的军队所镇压，巴比伦幸运地逃过了这一劫。

到了萨姆苏伊鲁纳统治的末期，先父所开拓的辽阔疆土基本丧失殆尽，王国的领土范围又缩回到汉谟拉比刚接任时的大小，即仅限于阿卡德地区。

萨姆苏伊鲁纳之后的四位继承者勉强地使古巴比伦王国的统治维持了约一个世纪，在这段时间里，巴比伦的内部矛盾异常尖锐。抗租抗债的问题尤为严重，以至于巴比伦国王不得不经常写信给地方城市官员，命令他们上交拖欠的租税，包括谷物、牲畜和税银等。与此同时，国王为了减轻民怨又不得不经常发布"米沙鲁姆"法令，即所谓的"巴比伦解负令"，向百姓告知债务的减免。

古巴比伦王国国内矛盾不断，而来自外部族群的威胁也有增无减。在萨姆苏伊鲁纳之子阿比舒统治时期，加喜特人向巴比伦发动了进攻。虽然加喜特人在这场战争中没有获得成功，但他们中的许多人都在巴比伦定居下来，成为耕种土地的农民。不仅如此，加喜特人的首领还在幼发拉底河畔的哈纳建立了自己的基地。

到了公元前1595年，赫梯人的军队攻占了古巴比伦王国。当时，一位赫梯国王领兵南下，以迅雷不及掩耳之势袭击并洗劫了巴比伦。曾征服过无数城邦的巴比伦在此时变得毫无反击之力，这个在历史上辉煌一时的文明古国就这样被他们攻陷了，古巴比伦王国的统治自此结束。在这当中，赫梯这个民族需要被我们提及一下。在人类的发展历史上，赫梯人充满了神秘色彩，《圣经·旧约全书》中虽然有好几处提到了他们，但这也正是赫梯人在历史上留下的唯一足迹。赫梯人尚武，喜欢打仗，乐于冒险，善于进行军事扩张，并且把这些当作他们的一种乐趣。但在这场战争胜利不久之后，赫梯人的内部发生了一场始料不及的宫廷政变，原本得胜的赫梯人不得不忍痛放弃那些让他们引以为荣的战果，迅速地撤回到自己的国度。至此以后，这些胜利者再也没有回来过，正因为如此，赫梯这个民族才会给后世留下了一个个的谜团，至今未解。

亚述帝国

亚述人是生活于两河流域北部的闪族部落中的一个分支，他们最早在底格里斯河周围的美索不达米亚北部区域生活。这里群山起伏，土地肥沃，人们在这里种植大麦和芝麻，放牛牧羊。胡里特人原本是这里最早的居民，后到此地的亚述人与他们逐渐融合,共同创造了古代的亚述文明。虽然亚述人与非闪族人进行了通婚与融合,但他们的后代仍然具有许多闪族先辈留下来的的民族特点:黑头发,黑皮肤,脸长,鼻尖带钩,多胡须。和其他游牧民族相比,他们最大的特点是更崇尚武力、好斗和充满进攻性。

古亚述时期

在通常情况下,亚述的历史可以分成三个阶段:公元前25世纪到公元前16世纪是古亚述时期,公元前15世纪到公元前10世纪是中亚述时期,公元前9世纪到公元前7世纪是新亚述时期。在新亚述时期,亚述通过不懈的努力最终成为了一个强大的军事帝国。

在亚述的早期阶段,它始终隶属于巴比伦尼亚,曾是阿卡德的属邦。到了公元前21世纪至公元前20世纪,亚述城邦国家臣服于乌尔第三王朝。

沙希姆亚达德一世在亚述的早期兴起中发挥了至关重要的作用。他发动政变用武装暴力从其兄弟手中夺取了政权,紧接着开始对外侵略扩张。他往西征服了马里,势力到达地中海沿岸,向东粉碎了埃什努那的扩张计划,最后统一了差不多整个两河流域的北部地区。

沙希姆亚达德一世之子统治亚述时期,亚述受到了来自汉谟拉比所统治的巴比伦王国的沉重打击。在美索不达米亚北部幼发拉底河东岸,有一个由胡里特人建立的王国,名为米坦尼王国。巴比伦衰落后,米坦尼王国崛起,这成了亚述的又一个劲敌。大约公元前17世纪,米坦尼征服了亚洲西部的许多地区。米坦尼有着这样一种侵略方式,他们攻下一座城市后会在那里进行肆意的掠夺,甚至连那些装饰着金银的城门都会被拆下来运回首都。到了公元前16世纪,亚述不得不向米坦尼王国称臣,米坦尼国王派去了总督负责对亚述实行统治与管理。从此,亚述成为半独立王国,势力范围长期局限于两河流域北部的一小块土地上。随着米坦尼王国成为两河流域的霸主，古亚述的统治者们退出了历史的舞台，古亚述的历史也宣告结束了。

中亚述时期

公元前1400年左右，因为赫梯人的不断侵袭，米坦尼日益衰落。亚述乘机得到了复兴，中亚述时代由此开始了。在大多数贤明能干的国王的领导下，亚述帝国的领土版图不断得到扩张。当然，这其中也会有一些缺乏治国才能和魄力的国王，他们在位的时期亚述王国曾出现过衰退的迹象。

公元前1350年，亚述鲁巴力特一世登上王位，正是他使亚述走上了大规模的征伐之路。这位国王意识到自己的地位正在不断提高和巩固，于是，他胸有成竹地派遣一名使者到埃及，试图与埃及建立外交关系。在给法老埃赫那顿的信中，亚述鲁巴力特写道："我已经派遣我的使节去拜访你和你的国家，迄今为止我和你所进行的交流是我们的祖先们从未做过的。"

亚述使臣的这次出访进行得似乎很成功，当然，他随行带去的战车和天青石首饰等礼品在其中发挥了功不可没的作用。为了装饰自己正在建造的一座宫殿，亚述鲁巴力特要求法老回赠他一大笔数量可观的黄金，因为他认为在埃及，黄金就像尘土一样，产量极为丰富。当亚述鲁巴力特去世的时候，亚述已成为了一个强国，它的影响力在当时仅次于赫梯王国。

在中亚述时期，亚述历朝历代的国王们为扩大亚述帝国的疆域立下了赫赫战绩。公元前12世纪，在军事天才提格拉·帕拉萨一世的带领下，亚述击退了它的敌国，从此开始了对外的不断征战。提格拉·帕拉萨一世率领部下夺取了那些富有争议的土地，把敌人头领的首级砍下来，挂在尼尼微的城门上以庆祝胜利。接着，他向那些联合起来不归顺其统治的部落发动反攻。这次，他又凯旋而归，并且向敌人勒索了许多的贡品。

征战胜利给亚述带来了巨大的财富，于是提格拉·帕拉萨一世在国内大兴土木，兴修水利，把国家治理得井井有条，使这个时期的亚述帝国达到了辉煌的时期。但同时，他也在亚述人疯狂屠杀、折磨奴隶等方面开了先河。在历史上有案可查的记录中，我们发现亚述人的残忍是举世罕见的。提格拉·帕拉萨一世的赫赫战功被镌刻在纪念碑上，但铭文中也记载了一些惨无人道的暴行，其中有几处格外突出。提格拉·帕拉萨一世曾派兵攻打了危害尼尼微安全的安纳托利亚及其同盟国，铭文中记录了其胜利时的情景："我与对方五个国君所率领的20万大军相遇，最后他们都被我彻底击败。他们的血从高山上流下，在峡谷中奔涌。在城外，我就像割稻草一样割下他们的头颅，再像砌谷堆般把它们垒在一起。那些战败者的城市和家园在大火中付之一炬，最后，他们也被我从这片土地上驱逐出去。这一切都显示了我无穷的力量。"

关于这些暴行引起的原因，一方面是由亚述人所处的生活环境造成的。他们长期在外族的包围圈中生活，要想生存就必须学会冷酷、残忍。另一方面，亚述人在民族文化上的自卑心理是他们性情残暴的内因。邻邦的巴比伦拥有着璀璨的文明，在艺术、文学、宗教、经济以及制度与法制等方面都成就斐然，这其中的许多地方让亚述人自叹不如。

自古以来，统治者残暴的治国方式很难让老百姓真心归顺。提格拉·帕拉萨一世只知道用残暴来威慑人心，他没能在新领土内建立起强大的政权来巩固亚述的统治地位。在他去世之后不久，各地民众纷纷掀起了反抗的浪潮。最后，他千辛万苦打下的基业，迅速土崩瓦解。

亚述的灭亡

亚述巴尼拔是亚述帝国的最后一个君王，在他统治时期，亚述帝国的疆土达到了最大面积。亚述巴尼拔不但远征埃及，而且还彻底制服了它的近邻——埃兰，完成了在他之前的统治者一直没有完成的事业。公元前7世纪，经历了亚述历代国王连续几个世纪的征战、扩张和掠夺后，亚述确立了其在西亚和埃及的霸主地位，成为这片广阔土地上的第一个军事大国，其版图北至乌拉尔图，西抵地中海沿岸诸国，西南达埃及，领土范围包括整个两河流域。

在亚述巴尼拔死后的第15年，也就是公元前612年夏，迦勒底人乘机建立巴比伦第六王朝，恢复独立。重建后的巴比伦东山再起，开始报复亚述侵略者。他们与位于亚述东部山区居住的米底人联合起来攻打亚述都城尼尼微。从5月到7月底这3个月里，他们把尼尼微城团团围住。最初，他们使用攻城机欲将尼尼微一举拿下，但效果并不理想。后来，他们想到了把底格里斯河的河水引向城市，尼尼微被大水所淹没。

历史遗迹表明，尼尼微城内的人和入侵者进行了垂死战斗，他们用石头挡住了敌人的道路，试图修补坍塌的城墙，但这些都没有挽救他们行将失败的命运。考古学家进入尼尼微的时候，在高耸的城门下看到了一堆遇难者的遗骨，据统计这里面包含着至少12个防御者。这些尸骨仍然保持着垂死挣扎的痛苦姿态，好像还在无声地抗争着。其中有一个小男孩，他的年纪最多不超过13岁。他躺在地上，箭尖刺进他的小腿。还有一个人横卧在地上，另一个人平躺在地上，两臂平摊，似乎还处在恐惧死亡来临的状态之中。

尼尼微沦陷后，国王逃到了哈兰。哈兰城位于土耳其南部，是幼发拉底河一条支流的沿岸地区。在那里，新国王鲁巴力特继位，成为亚述王朝的末代统治者。

公元前605年，在卡尔赫米什一战中，亚述人的部队溃不成军，亚述帝国彻底走向灭亡。亚述的敌人对亚述政权的倒塌并不感到惋惜，因为曾经强盛的亚述曾把他们的国人当作用来祭祀的牺牲品。事实上，亚述的灭亡有着深刻的历史原因。首先，亚述帝国是在武力和军事征伐的基础上建立起来的，一旦军事失利，帝国就将面临许多问题。亚述历代的统治者都认为亚述的军队是常胜军，所向无敌，因此他们一味征战，乐此不疲。虽然征服了大片土地，但其帝国大厦的根基是不牢固的，由于疆域辽阔，很多地区统治者的管理都鞭长莫及，不能进行有效的统治。其次，亚述人的统治方式极为残暴，这无疑会激起被压迫民族的反抗，而这些反抗又必然威胁到帝国的统治。另外，王室内部也不团结，贵族之间钩心斗角、明争暗斗，这也是帝国衰落的一个重要原因。当亚述人攻占了大片土地，最终成为世界霸主的时候，他们自己的国力也已经消耗殆尽了。因此，当亚述帝国受到来自伊朗高原的米底人和在波斯湾附近地区聚集力量的巴比伦人的南北夹击时，这个已经被战争折磨得精疲力竭的跛脚巨人，没有经过多少反抗就被打倒在地。亚述，这个曾经庞大的帝国轰然崩塌解体，四分五裂了。

尚武的亚述

公元前700年左右，亚述国王提格拉·帕拉萨三世废除了当时的民兵组织，在全国各地建立了一支常备正规军。亚述的军队兵种齐全，分为战车兵、梭镖兵、弓箭兵、骑兵、重装步兵、轻装步兵、攻城兵、工兵等。他们行军神速，一般尽量不留给敌人进行战斗准备的时间，在敌人未察觉时，利用强攻或有计谋的攻略快速结束战斗，"兵贵神速"这句话在他们身上得到了最好的体现。当然，国家必须给士兵发放军饷，同时，常备军也非常容易从对外的侵略战争中获得丰富的财富以得到维持。这个国家的首要任务就是从事战争，它依靠战利品和人类历史上最早的系统化的军事体制来确保它的规模和运转。亚述军队拥有非常高效率的作战能力，依靠这支军队，提格拉·帕拉萨三世扩展了亚述先王们已经建立的帝国疆界，此时的亚述在西亚地区的霸主地位已无可动摇。

有迹象表明，世界上最先充分认识到铁比铜的性能更好的是亚述人。他们的军队全部配备了铁制的兵器、战车和铠甲，这些在当时看来都是十分先进的武器。由于他们不断地改良兵器并严格训练士兵，使士兵能够熟练地掌握兵器的使用方法，因此，亚述军队长期保持着军事技术上的优势。在提格拉·帕拉萨三世不断的实战演练下，他的军队几乎成为攻无不克、战无不胜的战斗雄师。

亚述军队的主要进攻力量是由马匹牵引的双轮战车队，它的任务是在敌人的步兵队伍中冲杀出一条前进的道路。跟当时别国军队一样，亚述人利用战车强大而凶猛的作战威力组成浩浩荡荡的战车队，同时与梭镖兵、弓箭兵和骑兵进行紧密配合，以形成最佳的作战方式。

大量的梭镖兵组成了亚述军队的主力，虽然他们行动比较缓慢而且装备相当笨重，但是与当时其他国家的同类步兵相比，技术算先进的了，机动性也比较强。在亚述人的典型作战攻略中，他们会在一场战役的高潮阶段以敌人不可抗拒之势向他们发起突击。

亚述军队组织的弓箭兵比对方的阵仗更加严密一些，弓的威力也更强大，发射铁头箭的命中率也极高。他们一旦开始射击，常常使敌人的队伍乱作一团，从而为战车和骑兵的协同作战，以实现快速冲锋创造了条件。

骑兵在亚述军队中所占比例最小，但技术训练却最为严格，装备也最为精良。当时，身为贵族的将士都是骑跨战马奔赴战场的。到了战场上，一部分人会下马与别人进行徒步较量，有的是乘坐战车斩杀敌人，还有许多人会骑在马背上跟对方厮杀。骑兵比别的兵种拥有更加严谨的纪律，技术更加熟练，而且最重要的是，他们具有更加机动灵活的优势。亚述人很早就意识到，在作战时，唯有使用骑兵方能实现调度及时、进退自如的作战目的。

亚述军队能够在各种复杂的地形条件下作战，这足以说明，它的军事组织水平是相当高的。亚述军队的详细编制情况后人知道得并不十分清楚，不过据资料上记载，它的野战部队有时可能会有接近五万人左右的兵力。一支如此庞大的军队要能够在沙漠和山地自如地作战，它的背后必须有一支极为可靠的保障军需供给的辎重队。同时，也必然有一套工作效能极高的作战参谋机构和稳定的后勤供应系统，这样才能够保证其战斗能力得到充分的发挥。

亚述常备军的规模大大超过其他近东的任何一个民族，亚述的将士们也拥有着别人无法匹敌的先进兵器的优势。铁剑、强弓、长矛、撞墙锤、战车和金属胸甲、盾牌、头盔只是他们数量众多的优良装备中的几个例子。而且，剑、矛和其他一些器械并不是他们仅有的作战工具，军队还创造了一种攻击力甚为强大的攻城武器——投石机，并且这是亚述军队特有的一种器械。它们由一个个巨大的木框组成，里面配备有一种特制的转盘，转盘上面绞着用马鬃和橡树皮编成的具有强韧拉力的绳索。只要人们用力一拉，巨大的石弹和燃烧着的油桶就能在瞬间发射出去。同时，他们还发明了一种与投石机相配套使用的攻城锤，是由青铜铸成的，攻城时用来撞击城墙，城墙一旦出现缺口，士兵便一冲而入，这有利于快速攻陷城池。

奉行侵略扩张政策的亚述，作战时大都采取闪电式的进攻方式，亚述人军事战术的主要内容便是快速和突击。当时，多数国家的军队都以狠毒凶残而著称，要想打败众多实力强劲的对手，亚述人想到了被他们称之为"恐怖战术"的一种重要手段，这种战术可能算得上是人类历史上最早的心理战实例。他们在攻占一座城池之后，往往把城内的男女老少斩尽杀绝，或者把所有的人都监禁起来，长期以来他们以嗜血成性的暴虐手段实施着恐怖政策。到了后来，其他国家的士兵只要听到亚述军队的名字就闻风丧胆，军心大为动摇，战斗力大幅下降。实践证明，当时的这种战术对亚述军队的连连获胜还是起到了重要作用的。

还需要提及的一点是，他们学会了使用充气的皮囊来帮助军队渡河，因此过河这件事在他们看来并不是难题。这种皮囊可以用绳索牢固地连接起来安置在河面上,从此岸依次排到彼岸,上面再铺上排列整齐的树枝,这就成了一条军用的浮桥,任何将士都可以轻松地过到河的对岸去。

战争的需要决定了这个国家是一个庞大的军事机器,在它的背后,用来支持这台战争机器正常运转的经济力量也是相当强大的。在当时亚述的社会阶层里,军队所站的位置是国内最有权势最为富裕的一层,他们不仅可以享受战争掠获的胜利品,而且还经常获得来自国王的巨额封赏。

毁于尚武

亚述帝国仅仅指望强大的军事能力带来权力和稳定,到头来却为此招来了灭顶之灾。到公元前7世纪中叶,亚述帝国走向衰落。历史上很少有哪个强大的政权像亚述这样急剧崩塌而一蹶不振的。尽管它的军队勇猛善战、武装精良并成批成批地消灭敌人,可亚述帝国最显赫的时期也不过持续了一百多年。亚述王朝的末期,一个接一个的外族相继开始反抗亚述,最终使它的统治完全瓦解。愤怒的敌人采取了同样恐怖的报复方式:亚述帝国全部被并吞,它的国民都被奴化或者消灭。庞大的亚述帝国,就这样快速而悄无声息地消失了。几千年过去了,人们除了从史书上了解到曾经有过像尼尼微这样的城市之外,关于亚述帝国的其他方面就一无所知了。

因为尚武,亚述帝国轻视了政治和经济这两个因素对一个国家的极为重要作用,最终导致它被历史前进的步伐无情地抛弃。我们不禁要问:亚述人是怎样在军事的盲目追求中自取灭亡的呢?

首先,让我们先来了解一下亚述这个民族所特有的一些习性。如果说亚述民族与美索不达米亚历史上的任何民族相比有什么独特之处的话,那就是他们格外崇尚武力。这不是因为他们在种族上有不同于其他闪族人之处,而是由于他们的生存环境有着特殊的一面。他们不仅国土资源十分有限,还面对敌对民族时时入侵的威胁，为了保卫和扩大自己的领土，这就养成了他们时时刻刻都保持警醒、善于防御而又好战和侵略的性格。因此，可能正是这种压抑情绪积压得太久，所以一旦有机会得到释放，就会表现出他们对土地贪得无厌的渴求。他们征服的越多，就越会感到征服的重要性和必要性。他们认为，只有不断地征战和侵略才能保住其已经获得的一切。每一次的成功都更进一步地刺激着他们的勃勃野心，这使得尚武主义在亚述人的心中刻下了深深的痕迹。

除了由于尚武引起的公愤和仇恨以外，亚述国力的衰弱还有着一个重要的内在原因。

亚述人如此狂热地追求军事上的成功，那就势必在一定程度上忽视国家和平建设的重要性。工业和商业的地位在亚述根本不能跟军事相提并论，因此这个国家的经济在亚述人的怠慢之下渐渐萧条下来，以至于那些不可或缺的制造业和贸易，多半由外族人阿米拉来经营，亚述人自己宁愿依赖农业为生。

亚述的土地制度包括公有制和私有制，神庙掌握着土地收入最大的一部分。虽然王室所占的土地面积在外人看起来显得很多，但是由于时不时地将土地奖励给有功的将领，这部分土地的面积开始日益的缩减。那些受到封赏的军官则渐渐变成饱食终日、百无一用的贵族，他们把责任和任务推脱给下级，自己则骄奢淫逸、恣意行乐。一些富裕而有远见的中间阶层曾试图通过振兴经济来稳定局面，却受到被愚昧之人设定的"只有外族人和奴隶才能经商"的法规的阻碍。同时，国内无论是经济秩序还是社会秩序都不稳定，频繁的战事更是耗尽了国力和资源。

他们对待农奴和奴隶这些低下阶层也是非常苛刻的。前者占乡村居民的大多数，其中有些人可以耕种主人的一部分田地，被允许保留一部分收成供自己食用；另一些人则是一贫如洗，连一块田地也没有，只能依靠季节性打短工勉强维持生活。所有农奴的生活都极其穷困，他们不仅要负担公共工程的繁重劳役，还要应付国家不断强制执行的兵役。奴隶主要是城市的劳动阶层，分两种不同的类型：一种是家奴，从事家务劳动，还间或替主人经商；另一种即是战俘。前者人数不多，有相当的自由，甚至可以拥有财产。后者的遭遇则悲惨得多，他们带着沉重的镣铐，被迫为筑路、修渠和建造宫殿付出艰辛的劳动。这些做法无疑加深了来自民间百姓的怨恨之情，加剧了国内社会的阶级矛盾。久而久之，农奴无心劳作，奴隶的抵抗情绪逐渐加强，这些因素加快了亚述王朝走向衰落的步伐。

亚述虽然已经沉寂在历史的尘埃之中，但是由于它的穷兵黩武、不重视经济、无视百姓权利而走向灭亡所产生的教训，将被我们后人永远铭记在心。

新巴比伦王国

在亚述帝国灭亡之后，迦勒底人那波帕拉沙尔成为了新巴比伦王国的第一位国王。这一时期，作为他的王位继承者，还是一个少年的尼布甲尼撒已经常跟随父亲领兵作战。他勇敢机敏，作战时每每身先士卒，深得将士们的拥护与爱戴。到了后来，由于老国王那波帕拉沙尔年老体弱，许多重要的战役都由尼布甲尼撒独自指挥完成。

再后来，尼布甲尼撒成为了新巴比伦王国最著名的君王，一提到他，人们首先就会想到"巴比伦之囚"和"空中花园"的故事，而且在《圣经·旧约全书》里，也曾多处提到他的事迹。

尼布甲尼撒

公元前607年至公元前605年，新巴比伦王国和埃及人在幼发拉底河上冲突不断，新巴比伦军队处于弱势并且丢失了几个重要据点。在这生死存亡的关键时刻，老国王决定让尼布甲尼撒挂帅出征，和埃及军队决一死战。

公元前605年的春天，双方的决战发生在幼发拉底河西岸。尼布甲尼撒率军抢先在下游渡过幼发拉底河，然后沿西岸向敌人发起猛烈攻击。同时，他们还切断了埃及人的所有退路。战斗进行得非常激烈，新巴比伦王国培养的士兵勇猛无比，他们前仆后继，像奔腾的洪水汹涌地冲向敌军。埃及军队猝不及防，溃不成军，伤亡惨重。战后，新巴比伦的一位诗人这样形容埃及人在这场战役中的表现："他们好像圈里的肥牛犊，只知道转身后退，一齐逃跑。"埃及军队落荒而逃后，尼布甲尼撒仍下令对埃及军队穷追猛打。终于，在哈马什，埃及军队全军覆灭。

在同一年的8月老国王纳波帕拉沙尔去世之时，尼布甲尼撒还在叙利亚、巴勒斯坦一带打仗。在得到老国王去世的噩耗后，他立即带着卫队，日夜兼程、马不停蹄地穿越沙漠抄近路直奔巴比伦城。

经过多日的奔波，尼布甲尼撒终于回到了巴比伦。但在那时，老国王已经去世20多天了。一路上，尼布甲尼撒忐忑不安，担心有人觊觎父王的王位，会在国家的非常之时乘机谋乱。回到巴比伦后，他发现竟然没有任何异常情况，大臣们都在急切地等着他回来继承王位。就在归来的当天，尼布甲尼撒很顺利地坐上了国王的宝座，并得到了新巴比伦王国各个城市管理者的忠心拥护。

尼布甲尼撒即位后，紧接着向西发动了一系列征服战争。他的军队攻打了叙利亚、巴勒斯坦地区的各个小国，大马士革、西顿以及犹太的国王都被迫俯首称臣。

尼布甲尼撒统治时期，新巴比伦王国的政治相对稳定，经济繁荣，国家的实力不断增强。

巴比伦之囚

公元前601年，尼布甲尼撒再度与埃及交战，这一次双方的损失都很惨重，新巴比伦军队不得不退回巴比伦城。3年来一直臣服于尼布甲尼撒的犹太国王约雅敬，趁机脱离新巴比伦的统治，投向了埃及。

尼布甲尼撒在听到犹太国王转投埃及的消息之后，大发雷霆，他发誓要踏平耶路撒冷。投降的犹太国王约雅敬死后，他的儿子约雅斤即位。尼布甲尼撒认为进攻犹太国的时机已经成熟，便亲自率领大军攻向耶路撒冷。经过尼布甲尼撒大军两个多月的包围之后，在犹太内部亲巴比伦派的说服下，犹太国王带着所有的大臣一起出城投降。尼布甲尼撒废黜了约雅斤，封约雅斤的叔叔为犹太王，并为其改名西底家，并让他宣誓将效忠新巴比伦王国，永远不得反叛。然后下令将犹太王室的大部分成员和犹太的能工巧匠一齐押往巴比伦。尼布甲尼撒回国前，还不忘命令部下洗劫了耶路撒冷的神庙。

公元前588年，埃及向巴勒斯坦地区发动了进攻。这时，犹太国王西底家和这一地区臣服于新巴比伦的小国纷纷起来响应埃及人。先知耶利米和一些亲巴比伦的犹太大臣表示不同意西底家向埃及靠拢的做法，劝他不要反抗尼布甲尼撒。但是，这一次在他们的内部反对新巴比伦的力量显然占了上风。不久，尼布甲尼撒为了惩罚犹太国王西底家的言而无信，又率新巴比伦军队对耶路撒冷发动了第二次围攻。这场战争历时18个月，由于饥荒和内部分裂，耶路撒冷终于被尼布甲尼撒攻陷。

尼布甲尼撒对一而再再而三毁弃承诺的犹太国王无比痛恨，命令下属在犹太国王西底家的面前杀死他的几个儿子，然后又挖去了西底家的眼睛。当双目失明、满身狼狈的西底家被押到尼布甲尼撒面前时，尼布甲尼撒轻蔑地对他说："这就是你们背叛我的下场！"然后下令用铜链锁着西底家，并把他带到巴比伦城中游街示众。

耶路撒冷全城被尼布甲尼撒的军队洗劫一空。城墙被拆毁，神庙、王宫和许多民宅被焚烧，全城活着的居民几乎全被掳到巴比伦,耶路撒冷成为了一座孤寂之城。这就是历史上有名的"巴比伦之囚"说法的由来。

对于犹太人来讲,沦为"巴比伦之囚"是他们历史上一次悲惨的经历和深刻的教训。犹太的先知文学关于尼布甲尼撒对耶路撒冷的围攻和"巴比伦之囚"的记述,都保存在了《圣经·旧约全书》之中,在那里面尼布甲尼撒被说成是上帝用来惩罚犹太人所犯罪行的工具。

巴比伦城的造就者

此后,尼布甲尼撒又下令攻打一些重要的海港和商业中心,如腓尼基的推罗。令人感到意外的是,推罗人顽强抵抗,坚决不降,导致尼布甲尼撒对推罗的围攻时间长达13年之久,一些新巴比伦的老兵头发都变光秃了,军装也由于长期得不到更换肩头都被磨破了。最后,由于没有得到任何的救助,孤立无援的推罗不得不投降。在尼布甲尼撒统治时期,新巴比伦王国的社会相对稳定,经济繁荣,生活富裕。为了显示他的文治武功,尼布甲尼撒下令重修巴比伦城。

由于尼布甲尼撒同巴比伦城的神庙祭司集团的联系非常紧密,尼布甲尼撒组织新建、修复了许多宗教建筑,其中最著名的建筑是马尔都克神庙的寺塔,即被后人所熟知的"巴别通天塔"。

尼布甲尼撒还为巴比伦城修砌了外城墙,这样更有利于这座城市的对外防御。著名的伊什达尔门在尼布甲尼撒时期也进行了改建,墙面装饰着用琉璃砖拼接出的龙和公牛,在阳光的照耀之下显得熠熠生辉。据说,尼布甲尼撒曾经娶了一位米底公主,为了让远离故乡的她不再独自感伤,他下令召集了几万名能工巧匠,用人力堆出了一座小山丘,再在上面种植了许多奇花异草,并修建了许多亭台楼阁,这就是被后世传颂的"空中花园",即古代世界的七大奇迹之一。

尼布甲尼撒还重建了巴比伦王宫,王宫内布局复杂,曲径通幽，有数量众多的房间可提供不同的用途，还设计了用于露天活动的宽敞庭院。不管巴比伦的气候有多么炎热，王宫中却始终是绿树掩映，凉爽宜人。

不幸的是，尼布甲尼撒二世死后，新巴比伦国内很快就陷入动荡的局势，国力也随之大为降低。大约在公元前539年，新巴比伦王国被居鲁士大帝率领的波斯军队轻松消灭。从此，曾经璀璨无比的新巴比伦王朝就这样悄无声息地在历史的天空中失去了它的光彩。

新巴比伦的毁灭

居鲁士大帝

古代波斯帝国由居鲁士大帝一手缔造，他的国家疆域辽阔，国土范围从爱琴海地区由西往东绵延至印度河流域，从尼罗河流域由南向北延伸至高加索地区。在铭文中，他曾骄傲地宣告天下："我是居鲁士，是世界之王，伟大之王，强大之王。"

值得提醒大家的是，波斯统治者基本没有留下任何书面资料，因此，我们对波斯帝国的了解主要来自非常有限的希腊历史学家所写的著作。公元前700年左右，在今伊朗西部分布着两个部落群体，南边的波斯和位于北方的米底。亚述帝国曾在入侵伊朗高原时试图征服这片地区，而他们的入侵却促使米底各部落走向联合，从而形成了一个较为统一的国家。在米底和巴比伦人合力摧毁了亚述帝国后，米底国王开始称帝，米底也成为了西亚最强大的国家之一。波斯人则成为了他们的属臣，在当时，米底人和波斯人相互通婚是非常平常的事情，居鲁士就是波斯人与米底人共同的后代。

居鲁士的出生充满了传奇色彩，被号称西方"历史之父"的希罗多德详细记录在他的巨著《历史》之中。据希罗多德的记述，米底王国最后一位君主阿斯提阿格斯在一次睡梦中遇见女儿芒达妮养育的后代将夺取自己的王位并成为亚细亚的霸主。梦醒之后，阿斯提阿格斯非常担心与害怕。于是，他想到了一个办法，将女儿嫁给地位较低且性格温顺的波斯王子冈比西斯。这样，即使女儿生出的是一位王子，他也已经没有了继承米底王权的资格。

具有讽刺意味的是，就在女儿怀孕期间，这位国王又被一个噩梦惊醒：绵延不绝的葡萄藤从他女儿的肚子里长了出来，它们覆盖了整个亚细亚。为了防止节外生枝，阿斯提阿格斯不得不下狠心命令属下，一旦这个小外孙降临人世，就要立即把他处死。

这个婴儿最终还是顺利地降生了，他就是后来的居鲁士。他一生下来，就马上被交给了国王的亲信大臣哈尔帕哥斯，即将面对哈尔帕哥斯隐蔽而残忍的迫害。可是，等真到了这个时候，大臣却不敢也不忍心痛下杀手了。于是他把孩子转交给了一个牧人，命他将其弃之荒野，让这个脆弱的生命自生自灭。历史就是有这么多的巧合，牧人的妻子刚产下一个婴儿却不幸夭折，他们舍不得残害这个可怜的孩子，于是私自决定留下居鲁士，用自己的死婴顶替交差。这位牧人的妻子名叫斯帕科，在米底语中是"母狼"的意思，因此导致日后有一种说法称居鲁士童年时曾得到母狼的哺育。

居鲁士10岁的时候，和同村的孩子玩着扮演国王的游戏。在戏耍中被孩子们推举为国王的居鲁士，竟然真的鞭笞了一个抗命的贵族之子。结果事情越闹越大，以至于国王阿斯提阿格斯必须亲自介入调查，居鲁士的真实身份最终被发现。也许注定了居鲁士的性命不该在此断送，有位宫廷祭司竟然为他辩护道，这个孩子只是在游戏中扮演国王，在现实中不会再第二次成为国王了。阿斯提阿格斯被祭司说服，消除了自己的顾虑，派人将居鲁士送回了波斯。

公元前559年，居鲁士成为波斯人的首领，统一了波斯境内的10个部落。曾奉命处死居鲁士的大臣哈尔帕哥斯找到了他，建议他起兵攻打米底，自己也保证会成为他的内应。哈尔帕哥斯怎么会与居鲁士联手对付米底呢？原来，国王发现哈尔帕哥斯并未处死居鲁士，盛怒之下，命人把此大臣13岁的独生子杀害并把其身上的肉和羊肉混合在一起烹成菜肴，让他当着自己的面吃下。根据历史学家希罗多德的说法，这位大臣"没有被吓住，也没有失去理智"，只是刻骨铭心的仇恨反而让他冷静下来思考如何报这杀子之仇。

公元前553年，居鲁士打响了反抗米底的战争。他巧妙地使用激将法说服了波斯人追随自己，波斯人奉居鲁士为领袖，起兵攻打米底。

征服米底的战争持续了3年，公元前550年，居鲁士率领部下击败阿斯提阿格斯的军队，攻克了米底都城，正式建立波斯帝国，接管了其一些大大小小的属国，如：亚述、叙利亚、亚美尼亚和卡帕多西亚。居鲁士属于波斯人阿契美尼德家族，因此他所创立的帝国也被称为阿契美尼德王朝。

强邻吕底亚位于波斯的西边，他的国王克洛伊索斯在看到居鲁士的实力日益强大后而感到非常忧虑。他想趁着波斯立国之初政权尚未稳定，出兵将其一举摧毁。在出征之前，他曾派人去著名的希腊德尔斐阿波罗神庙祈求神谕，得到的神谕非常符合他的心意。内心暗自高兴的他还是觉得不放心，再次请求神的指示，得到的回答是"如果一匹骡子变成米底国王，你这个两腿瘦弱的吕底亚人，就必须沿着多石的海尔谟斯河逃跑"克洛伊索斯一想，正因为米底国王永远不可能是一匹骡子，那么他就一定不会战败，于是他喜出望外，大胆出兵攻打波斯。

克洛伊索斯的突然出击获得了成功，他的部队攻下了在波斯的第一座城池，他下令将其焚毁。闻讯赶来的居鲁士要与克洛伊索斯决一胜负，不过这次居鲁士低估了吕底亚军队的作战能力。吕底亚军队中的骑兵配备了长矛，这使得他们在技术上占了上风，不过居鲁士军队在人数上占有压倒性优势。由于两方实力不相上下，这场战争僵持了很长一段时间。双方均有伤亡，未分胜负，克洛伊索斯于是决定退兵以重整旗鼓。

令克洛伊索斯没想到的是，居鲁士为了防止他的国家再次处于战争的被动地位，竟集合更多的军力集中发动进攻，吕底亚人来不及守卫，不多时居鲁士的军队便已攻入吕底亚本土。仓促应战的吕底亚人与波斯人决战于首都郊外的平原，到了这时吕底亚人仍旧期望依靠长矛骑兵的优势取得胜利，不过这一次，聪明的居鲁士再也不会像上次那样掉以轻心，他早已想出了应对的妙计。他们将随军运载粮食和行李的骆驼集合起来，并且配备骑手，让其走在军队的最前面，步兵和骑兵紧随其后。吕底亚的马队看到骆驼，立刻四处逃窜，吕底亚人的骑兵顿时乱作一团。据希罗多德所著的《历史》解释，马很害怕骆驼，在看到骆驼或闻到骆驼气味的时候就会受不了。不过，吕底亚人毕竟是西亚最勇武好战的民族，他们毅然决然地跳下马来和波斯军队展开肉搏。但此时的吕底亚人已经失去了技术优势，加上战术已被对方识破，军心不稳，最终被居鲁士击败，狼狈地逃回了都城。

在围攻吕底亚人两周之后，波斯军队攻入他们的都城萨迪斯，吕底亚王国就此灭亡。作为亡国奴的克洛伊索斯至此才彻底理解了德尔斐神谕的真正含义：骡子隐喻的是居鲁士，因为他是波斯人与米底人共同的后代。如果他出兵攻打波斯，面临失败的只能是自己。

至此，波斯帝国的周围只剩下位于美索不达米亚的巴比伦王国这一个劲敌。富有远见的居鲁士并不急于进攻巴比伦王国，而是用了6年多的时间集中兵力征服东伊朗和中亚地区。到了公元前539年，巴比伦内部发生动乱，居鲁士认为进攻的时机已经成熟，遂发兵一举拿下了巴比伦。

在当时，巴比伦城以易守难攻而闻名，但因为巴比伦王室内部对于作战策略出现分歧，正在他们为怎样出兵而争吵得面红耳赤的时候，巴比伦城的大门已被居鲁士的军队攻破。居鲁士进入巴比伦城的时候，老百姓在道路上铺满了象征和平的绿枝。历史学家慨叹道："历时3000年之久的美索不达米亚自治就这样结束了。"巴比伦是如此的富足，以至于仅它这一个地方的农业生产就可供应居鲁士大军4个月的粮食，而帝国其他各个地方的产量加在一起才能供应剩下的其余8个月的军粮补给。

征服完成之后，紧接着居鲁士面临的就是如何统治和管理好这个领土面积越来越大的帝国。居鲁士在内政方面也有着自己非常独到的一套办法。历史上记载着，每当居鲁士征服了一个新的国家之后，他就会马上废除当地原来的领导者。为了防止过激的抵抗情绪，他会让这位罢黜者还能享有之前的奢华生活，但是没有参政的权利。紧接着，居鲁士会挑选一名波斯人担任新的总督来打理这一地区。但是，除了管理总督事务之外，居鲁士很少干涉被征服地区臣民的日常生活。居鲁士执行宗教宽容政策，他允许被征服者可以继续供奉自己本族的神祇，并且为了笼络人心他自己也会去礼拜征服地区人民信奉的神。而就在半个世纪以前，巴比伦人曾经两次进攻耶路撒冷，焚毁了犹太教的圣殿，将犹太权贵和工匠掠夺回巴比伦，这就是之前所提到的"巴比伦之囚"。在居鲁士征服巴比伦之后，正当犹太人哀叹何时才能结束流亡生活的时候，他却将关押在巴比伦监狱中的犹太人释放，并允许他们返回耶路撒冷，还批准他们重建圣殿，赐予他们恢复自身信仰的权利。犹太人欣喜若狂，在《圣经》中，犹太先知们将居鲁士称为"上帝的使者"，上帝应许他"使列国降伏在他面前"，"使城门在他面前敞开"。

奇妙的《圣经》预言

在《圣经》中，犹太先知耶利米说上帝耶和华已经对巴比伦的命运做出了预言，上帝表示："我必为你伸冤，为你报仇；我必使巴比伦的海枯竭，使她的泉源干涸。巴比伦城必将成为一丛乱堆,变成一座空城,野狗将在那里栖息和吠叫,它将受到世人无尽的嗤笑","他们得意忘形的时候,我必为他们设摆酒席,让他们快乐,使他们沉醉,让他们像永眠了一样"。耶和华还说道:"我必使巴比伦的首领,智慧人,省长,副省长以及那些勇士们在美酒的作用下都深深地沉睡着,让他们永不苏醒。"这其中的"我"指的就是耶和华上帝,而提到的"你"指的是犹太王国的人民。

预言应验的那一天,当时的巴比伦国王伯沙撒正在为迦勒底的达官贵人们摆设足有一千多人参加的盛宴,在宴席上他还得意地展示着从圣殿掠来的神器。他们用神圣的器皿饮酒、享乐,无视这样的做法将会亵渎神明,而且个个喝得烂醉如泥。在《圣经》中关于这段历史有着很详细的记录:"伯沙撒王为他手下的一千多名大臣设摆盛宴,与这一千人对坐而饮。伯沙撒喝得欢畅之时,不忘吩咐人将他先父尼布甲尼撒从耶路撒冷神殿中夺来的金银器皿全都拿来,好让国王与大臣、皇后、妃嫔用这器皿饮酒。于是,他们在这些器皿里盛上美酒,众臣喝得不亦乐乎。他们在恣意狂饮的同时,还恬不知耻地赞美这些用金、银、铜、铁、木、石所造的神像。"

正在这时,居鲁士已经率波斯军队沿着干枯的河道悄然进入巴比伦城。前面提到的"巴比伦的海枯竭"、"她的泉源干涸",应该指的就是这条巴比伦城边的河道。波斯人使这条河的河流改道而干涸,成为他们军队出入方便的通道。到了深夜,巴比伦城中的百姓早已入睡,王宫中也没有了之前的喧闹,城中到处都是静悄悄的。宫内的那些国家重臣、军事将领、各省首脑、各地督抚,都沉浸在醉梦中,纷纷瘫倒在地上,已经不省人事。趁着这天赐的时机,这批从北方远道而来的波斯军队袭击了巴比伦城,他们要以血偿血,轻易地击败了迦勒底人的军队。这真的变为了迦勒底人永远的沉睡,再也没有醒来过。这又再一次印证了先知耶利米曾说过的"巴比伦将忽然倾覆毁坏,它的国人将为它的灭亡痛哭哀号"的预言。

第二章　律法与教育

重视法律是古代美索不达米亚文明最显著的特征之一，法律的发展是该文明中的一项重要内容。据估算，在迄今为止发现的楔形文字资料中，有关法律方面的内容大约就占了苏美尔出土文献的一大部分。其中还有一部分初具规模的契约，包括各种财产的收据、记账单和一些相关的登记记录。在当时，法律就已经规定：如果没有文字记录，那么任何形式的财产买卖和转让都是无效的，是不被法律认可的。如果谁任意伪造和更改文书内容都将受到法律严厉的惩罚。

为了向民众证明自己能够建立稳定的秩序和为百姓伸张正义，几乎每位国王上任后的第一件事就是颁布新的法律和法规。在古代苏美尔的书吏学校中，高年级的学生要花费大量时间来学习和研究有关法律方面的专业知识。对于那些高度专业化的法律术语以及一些法庭判决书等，他们还必须再三地抄写和研读。由此可见，法律在美索不达米亚人的生活中占有多么重要的地位，国家在培养民众的法律意识这一点上也是相当重视的。

《汉谟拉比法典》

"当神圣庄严的安努，安努纳基之王以及贝勒，还有皇天后土的主宰、兼巴比伦命运的决定者，伴同马尔都克，对全人类进行统治时……当诸神郑重提及巴比伦这个名字时，当诸神在全世界的范围内特别选定巴比伦并在这里建立一万年都将坚固不摧的王国时，安努及贝勒宣称：汉谟拉比，一位值得称赞的君王，诸神虔诚的信奉者，你当使正义传播四方，你当使邪恶受到铲除，你应该抑强扶弱……你当教化万民、增进福祉。……你满足了广大百姓的需求，你保全了巴比伦人的生命和财产安全，你不愧是我们衷心的奴仆，你的所作所为使我们深感满意与高兴。"——《汉谟拉比法典》前言

法典的面世

1901年12月，由法国人和伊朗人共同组成的一支考古队在伊朗西南部一个名叫苏撒的古城遗址上开展发掘工作。一天，他们发现了一块黑色玄武石，几天以后又有另外两块黑色的玄武石相继出土，他们将这三块石头拼合起来，发现组合在一起后的石块恰好是一个椭圆形的石碑。

这座石碑有2.5米高，在它的上面刻有两个人的浮雕：其中一个人是坐着的姿势，右手握着一根短棍；另一个人则站着，双手打拱，好像正在朝拜。石柱的下部，刻着像箭头或钉头形状一样的文字，后来经考证，这正是由楔形文字记录而成的《汉谟拉比法典》。石碑上部描画的内容是太阳神、正义之神沙马什正在授与汉谟拉比至高无上的王权。浮雕下面那些围绕着石碑镌刻的法典铭文，共3500行。

《汉谟拉比法典》是古巴比伦国王汉谟拉比颁布的一部法典，上面记载着的是世界上目前所发现的最早的比较完整的

成文法律条文，是人们研究古代巴比伦经济制度与法律制度极其重要的参考文物；同时，石碑的石质坚硬，书法精美，它算得上是古代巴比伦艺术的代表，因为古巴比伦王国流传下来的艺术品十分稀少，所以这座表面光滑而雕刻精致的石碑就显得格外珍贵了，石碑原迹现藏于法国巴黎卢浮博物馆。

大家可能会感到疑惑，古巴比伦位于幼发拉底河和底格里斯河流域，地理位置相当于今天的伊拉克，这一点众所周知。如果这部法典是其"真身"，又怎么会跑到位于伊朗西南部的苏撒去了呢？

原来，在公元前3000多年以前，苏撒盆地曾诞生过一个实力强大的奴隶制王国，它的名字叫埃兰，苏撒正是埃兰王国的都城。当埃兰人攻占了巴比伦之后，便把刻有《汉谟拉比法典》的这座石柱当作战利品运回了苏撒。时光荏苒，埃兰王国又被后起之秀波斯所灭，波斯帝国国王大流士登基，并把波斯帝国的首都定在了之前的苏撒。几经周折，最终这个石柱落到了波斯人手中。

残缺的法典

在石碑被确定身份之后，人们又产生了新的质疑，为什么原本刻在圆柱上面的7行文字都被磨光了？通过史书的描述，我们发现原来埃兰国王攻克了巴比伦后，自感劳苦功高，他不甘心自己的功绩被世人忘记，于是打算在这巨大的石碑上雕刻出自己的丰功伟绩。他命人前去磨毁上面的字迹，可是奇怪的是再也没有机会刻上新的文字。其中的原因，后人不得而知。

也许是多亏了埃兰国王"不走运"，才使得石碑原文没有被大量损毁，仅有其

《汉谟拉比法典》

中的35条铭文被磨去了。后来考古学家在苏撒、亚述等地发现了法典的泥抄本片段，从而非常幸运地使石碑被磨损的部分几乎全部得以修补复原。否则，今天的我们恐怕就没有机会看到这部世界上迄今为止"最早的、记录较为完备的"成文法典了。

法典简介

《汉谟拉比法典》里记载的条文公开承认奴隶主阶级的统治地位，并且严格保护他们的利益，这是为了竭力维护不平等的社会等级制度和奴隶主贵族的利益。全文内容包括序言、正文、结尾三个部分。序言正如上文所写的那样，充满了对汉谟拉比伟大功绩的赞美之情。在正文里包含有282条法律条文，涉及在今天看来是具有现代意义的诉讼法、民法、刑法、婚姻法等内容，意在调解和保障自由民之间的多种经济关系以及社会、婚姻关系。法典表明古巴比伦社会存在奴隶主、奴隶、小生产者三个基本阶级，但是阶级与阶级之间却有着不尽一致的等级关系。处于上面等级者相对于下面等级的人享有更多的权利并且承担更少的义务，而且即使犯了相同的罪，他们所受到的处罚也较轻。结尾部分除了继续对汉谟拉比歌功颂德之外，还补充强调了法典的权威性及不可更改性。

《汉谟拉比法典》建立在两个最著名的原则基础之上，即"以眼还眼，以牙还牙"和"让买方自己小心点"，初一看这两个原则似乎都显得过于直接甚至有点野蛮，但是在当时的环境之下，这两个原则却能在最大的程度上维持当时的社会的良性运转。

首先，我们来分析"以眼还眼，以牙还牙"这一条原则。因为古巴比伦人制定法律的主要目的就是防止争斗，他们认为一个总想采取暴力手段的人，如果他能牢牢记住不论他在哪种程度上伤害他人都会受到法律相应的处罚，那么他也许将不会再轻易施暴。不过需要提及的是，这一条规定对确定的伤害行为进行赔偿时,从不考虑最初的伤害是否纯属意外,而是残酷无情地坚持让施暴者受到具有报复性质的侮辱和皮肉之苦。

"让买方自己小心点"原则显得不那么冷漠无情,却看上去不像正式的法律。为什么一个国家在它的法典里允许卖方行诈却不会受到惩处呢?这再一次表明了古巴比伦人颁布法律的主要目的——制止争斗。因为这样规定的话,买方很清楚自己是没有任何权利的,只有靠自己的小心与提防来防止经济利益受到损害。如果他胆敢去质疑和取闹,马上就会受到法律的惩罚。

《汉谟拉比法典》体现了刑法的残忍一面,正是依靠这部法典,汉谟拉比时期的巴比伦成为了古代东方奴隶制国家中统治最严厉、法律最严谨的国家。法典的制定标志着古代西亚法律制度的进步,也显示了国家制度的进一步成熟。同时,《汉谟拉比法典》对后来的西方各国在立法的具体条文和基本精神上产生了重要的影响,在现代西方各国的法律中都可以找到它的影子。

法典的核心内容

《汉谟拉比法典》的核心内容大致如下:

1. 关于诉讼审判的规定(1至5条)

值得一提的是,其中第二条的规定显得不太具有法律条文所应有的客观与理性的评判。在法庭上,当一方控告另一方犯有某种罪行却提供不了证据,同时被告方也拿不出任何可以反驳的证据时,这时法庭的审判就会陷入僵局。为了使审判不至于没有结果,法官的下一步做法便是宣布把被告方扔进幼发拉底河中。如果被告方溺水身亡了,这就证明被告方有罪,并将其全部家产给与原告一方;假如不被淹死,则证明被告者无罪。那就要处死原告方,同时把原告方的财产没收并归被告者所有。在当时,这一充满迷信的做法被称为交河神审判。

2. 关于保护私有财产的规定（6至126条）

如：第14条，任何一个人偷走另一个人的儿子，他将被处以死刑。第21条，如果打破房子利用裂缝强行进入住宅偷窃，他必须在那个洞前处以死刑和埋葬。第109条，如果在客栈管理人的房子中碰到阴谋者，而这些阴谋者没有被捕获和送到皇宫，客栈管理人将被处以死刑。

3. 关于婚姻、家庭与财产继承（127至195条）

如：第142条，如果一个女人与她的丈夫争吵，并且说："你对我很不好。"必须提供她的偏见原因。如果她是没有犯罪的，而在她的部分上没有错误，但是他离开和忽视她，则这女人没有任何罪责，她将拿回她的嫁妆和回到她父亲的家。第195条，如果一个儿子打他的父亲，他的手将被砍断。

4. 关于人身保护和"同态复仇法"（196至214条）

如：第196条，如果一个人挖出了另一个人的眼睛，他的眼睛也该被挖出来。第197条，如果他打碎另一个人的骨头，将打碎他的骨头。第200条，如果一个人击落他的牙齿，他的牙齿也该被同等地打掉。

5. 关于劳动、报酬、工具和责任事故的追究（215至241条）

如：第218条，如果内科医生用刀子进行大切割手术，使病人因此死亡，或者利用手术刀开肿瘤，割掉了病人的眼睛，那么他的手将被砍断。第219条，如果内科医生在自由人的奴隶的身体里动切割手术，并导致其死亡，他将必须用另一个奴隶代替这个奴隶。

6. 关于租赁牲畜、船只以及佣工和报酬（242至277条）

如：第244条，如果任何一个人租借公牛或者驴子，然而狮子却在这个田地杀死它们，它们的所有者自担损失。第246条，如果有人租借公牛，并且折断了它的腿或者切断了它脖子的韧带，他将用另一头公牛赔偿这个所有者。

7. 关于奴隶的规定（278至282条）

如：第282条，如果奴隶对他的主人说："你们不是我的主人。"他们的主人将可以割掉他的耳朵。其中，法典还明确规定：奴隶是不受法律保护的工具和财产，奴隶不属于人的范畴。

后世的评价

汉谟拉比曾在法典的序言中写道："汉谟拉比，值得称赞的君王，诸神虔诚的信奉者，你当使正义传播四方，你当使邪恶受到铲除、你当抑强扶弱……你当教化万民、增进福祉。"

他真的做到了这些吗？

有人从社会福利角度出发，肯定了汉谟拉比在这方面所做出的贡献。他们认为《汉谟拉比法典》中包含了许多带有福利性质的条款，如：政府负责妥当地调节家庭矛盾；政府负责对未侦破的抢劫案或凶杀案中的受害者做出赔偿；如果有人去世，政府须保障百姓的善后事宜等。

有人指出，即使以现代人的观点来看待严苛的《汉谟拉比法典》，它在很多地方仍然是具有人情味的。例如，在一条关于领养孩子的法律铭文中是这样规定的："如果某人领养了一个婴儿，并将他养大，孩子的生身父母不得将其领回。"一条关于离婚事宜的条文也表现出了当时的法律规定在合理的基础上也是合乎情理的："如果一位贵族因为妻子未能生养而要休妻，则应先偿还她作为人妻时所付出的全部代价，并全部归还她从娘家带来的所有嫁妆。"还有一条规定是关于妇人遭遗弃后的处理办法，也体现了法律的合理合情之处："如果丈夫远行，他出门之前没有留下足够的养家费用，妻子可以进入另一男子的家门而不会受到谴责。"

从立法的角度来看，有人认为这部公开的成文法典体现了法律应有的正义精神和公平原则。法典中规定，倘若有人"打了居高位的人耳光"，执法者只能给予这个人"鞭六十"的刑事处罚，而不会按照"居高位的人"或执法者的意愿去制定处罚标准，随心所欲地将"违法者"鞭笞六十以上，或将其投入监狱，或将其痛殴致残，或发配从军，或列入黑名单，或杀头腰斩，或凌迟处死，或灭人九族；同样也不允许对他鞭打六十以下，或者无罪释放。

法律是统治阶级意志的最高体现，古往今来，无一例外。在奴隶社会，《汉谟拉比法典》终究是奴隶主统治的护身符，是统治阶级压迫奴隶的工具。这个宗旨体现在了法典中的许多方面。首先，该法典针对奴隶主、自由民和奴隶有着各自不同的规定。例如，奴隶主把一个自由民的眼睛弄瞎，奴隶主只要拿出一定数量的银子作为赔偿就可了事。如果对方的身份是奴隶，奴隶主就不用做出任何赔偿。再比如，一个奴隶如果不承认他的主人，只要主人拿出这个奴隶是归自己所有的凭证，则这个奴隶将被割去双耳。其次，为了巩固奴隶主的统治，法典还规定了一些非常严苛的条款。如逃避兵役的人一律处死；破坏桥梁水利的人将受到严厉处罚甚至是处死；帮助奴隶逃跑或藏匿逃亡奴隶的人将被处死等。

该法典还有一点令后人诟病的是它的静止观，《汉谟拉比法典》缺乏一种与时俱进的理念，它无法用发展的眼光来看待时代的进步。在结束语中，法典刻薄地诅咒了以后那些胆敢篡改法典的统治者："他统治的时间不会长久，他的国家将出现连年饥荒……城市将被毁灭，人民将离散。国王将被更换，他的名字将永远被人遗忘……他的幽魂在地狱里喝不到水。"

古巴比伦的辉煌早已成为了过眼云烟，传世之作《汉谟拉比法典》的功过也只能任人评说。但不可否认的是，这部法典成功地帮助巴比伦成为了古代东方奴隶制社会中统治最严谨的国家。《汉谟拉比法典》的内容体现了古巴比伦王国的奴隶制中央集权，它把全国法令统一起来，取消了原来各城邦纷杂的法律条款，是人类进入奴隶制社会以来内容最完整的一部法典。它有效地维护了国家的统一，巩固了君王的统治。同时，在某种意义上也可以说，这部法典的光芒辐射到了当时的美索不达米亚,也照亮了后世的法治之路。

这部法典对于研究当时的奴隶社会有着极为重要的参考价值,它后来不仅被相继兴起的古代西亚国家如赫梯、亚述、新巴比伦等国家所借鉴参考,而且还通过希伯来法的间接传播对西方法律的制定也产生了一定的影响。

两河流域的教育

文明的发展和传播离不开文字,离不开书籍,也离不开学校,它们是展示文明发达程度的重要标志之一。

苏美尔人对人类文明做出的最大的贡献,应该算是发明了楔形文字及人类最早的教育体系。古代苏美尔人的这套教学体系为推动苏美尔文学、科技的发展与传播,以及苏美尔文明的传承起到了非常重要的作用。

巴比伦人继承了苏美尔人的语言遗产,并大大改进他们的楔形文字。巴比伦人还在天文、数学以及医学和建筑等方面取得了杰出的成就,学校的教学水平在此基础上也得到进一步的发展。

当时巴比伦寺庙学校的教学内容有初级和高级之分。初级教育主要教授读、写,而高级教育在初级教育的基础上还要求学生学习文法、苏美尔文学、祈祷文等。为了给国家培养多方面的人才,有的学生还被规定学习数学、天文学,或者接受占星术、医学、炼金术等专业的训练。当时所有的教学和训练都采取师徒传授的方式。巴比伦的教育资源被官吏、僧侣、艺术家等少数人垄断,在这一点上与之前的苏美尔情况无异,奴隶是无权享受到教育的。巴比伦人创立的学校是人类正规教育的开始,并为巴比伦文化的传承做出了杰出的贡献。

然而,两河流域学校的教学侧重点不同于古希腊的学校,前者更重视知识的应用价值,而不是面向理论更深层次地探索。以数学为例,理论推测在两河流域时期并没有获得充分发展，大批的巴比伦数学论文研究的都是具体的应用问题。

最早的学校——泥板书屋

20世纪30年代，法国考古学家安德烈·帕罗特在两河流域上游的名城马里遗址中发掘出一所房舍，这就是现今发掘出土的世界上最早的学校。

这所房舍包括一条信道和两间房屋，在其中的大间房中整齐排列着4排石凳，可坐45人左右；小间房中排列着3排石凳，可坐20人左右，非常像今天学校的一间教室。不过唯独与现代学校不同的是，房中没有设置老师讲课所用的讲台。考古学家还发现了很多泥板，像是学生留下来的作业。这所房舍所处的位置靠近王宫，附近还有专门用来放置泥板文书的储存间。专家由此做出推断，这是一所在公元前3500年左右建造的学校，而这所学校的创办历史比埃及最初的宫廷学校还早了大约1000年。

其实早在20世纪初，考古学家就在苏美尔的一些重要城镇陆续发掘出了当年许多学校的"教科书"——泥板书，这些泥板的使用时间确定在公元前2500年左右。从这一方面也说明了，学校这种教育机构在这个时候就已经存在于苏美尔了。

学校类型

迄今为止，这些被考古学家发现的学校遗址，依据它们所处的地理位置至少可以分为三种类型。

1. 邻近皇宫、宫廷或政府机关的学校

这种学校是为了培养政府的高级僚属，受教育对象是希望充任政府职位的人。

2. 处于寺庙中或寺庙的附近，由寺庙全权负责的学校

主要的目的是培养僧侣和宗教方面的继承者，以传授宗教、天文学、数学、医学、建筑学等方面的相关知识为主要任务。

3. 紧挨书吏居住区建立的学校

它们负责培养低端人才，即那些通晓文字，能进行国家和社会政务工作的人，向他们传授行政和司法中的一些常用知识、来往公务信函的写作以及各种字体的书写技巧等。

这三类学校究竟是谁占据更主导的地位，就现有出土的历史资料来看，考古学家也无法做出明确的论断。有的学者推断神庙学校在当时那种信奉诸神的年代，可能居于更重要的地位，但又缺乏有力的证据。

授课内容

苏美尔的学校所设置的课程内容与教学宗旨、目的相对应，大体可分为基础课、专业技术课和文学创作这三大部分。基础课是语言课，主要教授苏美尔语的单词和语法。为便于学生理解和记忆，老师把有联系的相关单词和短语依照语言学进行分类。这些语言教科书的编写水平已大大提高并且编排的内容形成了当时的固定模式，成为了苏美尔地区这些学校的通用教材。在这些教科书里，出现了有关于各种植物、动物、国家和城镇以及多种矿物和矿产等的单词表。此外，在很多泥板上都刻有复合名词表和动词时态语态变化表，这说明苏美尔语的语法已发展得较为完善。

在专业技术课程方面，学生不仅要学习计算（代数）、土地测量（几何）、生物、地理、天文、医学等专业知识，平日的其他时间他们还要组织唱诗班、加工金银和珠宝首饰、参与食物配给和研习各种乐器。

文学创造课包括两方面的内容：一是研究过去的文学作品，这主要是要求学生对其进行抄写与模仿；二是在积累了一定的基础之后，他们要进行新的文学创造。供学生抄写和模仿的内容主要是公元前3000年左右一些以诗歌形式写作的文学作品，数量有百篇之多，篇幅大小从几行到几百行不等。目前被发现的苏美尔人古代文学作品主要有五大类：第一类是以赞扬神灵和英雄光辉成就为主的神话和史诗，如《吉尔伽美什史诗》、《创世史诗》；第二类是歌颂诸神和国王的赞美诗、爱情诗及祈祷词，如《沙马什的赞歌》；第三类是用以哀悼苏美尔城池遭遇毁灭的挽歌，如《乌尔灭亡挽歌》；第四类是教谕文学，如《咏受难的正直人诗》；第五类是智慧文学，包括寓言和格言等。在苏美尔地区发掘出的几千块刻有文学作品的泥板及其残片中，很大部分是苏美尔学校学生所写的不太成熟的作业，从这一点上也可以证明古代的苏美尔学校是文学创作的启蒙中心。

从史料记载中，我们得知学生在校的学习时间很长，从太阳升起时开始上课到太阳落下时才放学，学生几乎一整天都待在学校。我们猜测在一年中的某个时段，学生应该会有一定时间的假期，但至今未发现有泥板记载着这方面的情况。长时间枯燥无聊的学习，导致学生逃课的现象时有发生，一块描述校园生活的泥板记录下了一段父子的对话：

父亲问："你逃学到哪里去了？"

儿子答："我哪儿都没去。"

父亲问："要是你哪儿都没去，怎么又会在这儿闲逛呢？上学去，站到你老师的面前背作业。打开书包拿出书本，让你的大师兄给你讲新知识。你完成作业并报告了班长后就马上回到我这儿来，不要在街上东游西逛。喂，你听懂了吗？"

儿子抱怨道："你在唧唧歪歪什么！我在这破学校一刻也待不下去！"

父亲听到儿子刻薄的回答后说："你是成心在跟我作对吗？"他对这个年轻人爱抱怨的性格烦透了，心里非常气愤，想着："你的牢骚快气死我了，简直要了我的命。"

苏美尔人的教学体系在这段时期已经初具规模，授课内容安排得较为全面，学校管理也进行得井井有条，但不可否认的是它也有着非常局限的地方。这主要表现在苏美尔人建立的学校在实质上基本只针对富家子弟，穷困人家的孩子既没有多余的空闲时间专心学习,也没有足够的金钱支付教师高昂的工资;苏美尔人的学校只招收男学生,女孩是完全没有机会接受教育的。

有身份的学生

苏美尔人的教育既不是普及全民的,也不是义务的。原则上规定学生可以来自社会各个阶层,但实际上大都来自富裕家庭,穷人家的孩子在数量上则少得可怜。因为苏美尔语学起来较难,完全学会需要相当长的时间,贫穷的家庭是付不起这笔高昂学费的。同时他们的孩子接受这种需要耗费大量时间的教育等同于使家庭长时间少了一份劳动力,处于农耕社会里的他们也是不能承受的。当时的一句谚语"要想成为一个书吏,必须每天和太阳一起升起"就充分说明了这一点。其中的"书吏",指的就是当时掌握文字书写技巧的人,在社会中有着较高的地位。

在公元前2000年左右制作的数千块有关经济和管理知识的泥板文献里,约有500人称自己为书吏并附上了他们父亲的名字和职业。1946年,德国的楔形文字学家根据这些材料统计出一个表格,发现这些书吏的父亲的身份大都是市长、大使、政府官员、神庙管理人员、祭司、军事长官、高级税务官、监督官、工头、书吏、档案管理员、会计师等。由此可见,这些书吏的父亲都是社会地位比较高的人。在这些文献中提及的书吏没有一个女性成员,这表示很有可能苏美尔人的学校只招收男性学员。

校园生活

写于公元前2000年左右的一篇苏美尔文章描述了当时的校园生活。该文后来被人多次抄写和转载,因此可以推断出它所写的内容是具有一定的代表性的。从此文中多次使用到阿得语来看,我们可以判断应该是一名阿得族学生所写。不过全文主要还是用苏美尔文写成,因为当时苏美尔文是官方用语,其地位相当于后来在欧洲广泛使用的拉丁文。

学生清晨来到学校并且会自带午饭。在每一所学校里,校长负责管理学校的大小事务,同时还有一名教苏美尔文的教师和一名教算术的教师。老师的授课形式是让学生们抄写已有的刻录在泥板上的知识内容。学校实行严格的教学纪律,执行这些纪律的人由勤杂工、教师和操场监管者等人组成。学生可能经常在一天内由于犯不同的过错而遭受多次鞭打,这些违反纪律的行为包括早上迟到、上课讲话、未经老师许可就起立或擅自离开校园等。直到晚上,学生放学后才能回家,疲惫不堪的孩子还得向父亲汇报自己一天的表现情况。晚饭后,他们会早早地洗漱完毕,乖乖地上床睡觉,这样才能保证第二天能够精力充沛地去上学。

有时候,教师还会被家长请到家里,这通常是由于做父亲的希望自己的儿子能成为最杰出的人才,希望他将来比其他同学甚至比那些有着贵族背景的同学更优秀。"可怜天下父母心"这句话,在古今中外都是适用的。

严格的体罚制度

有关苏美尔学校的教学方法和技巧的记载并不多,通常所知的是学生到学校后,先复习一遍前一天学过的课程,然后大师兄会拿出之前准备好的泥板,学生照着泥板上的内容临摹和抄写。最后,大师兄和学校老师都会检查学生这一天所写的内容。

就像今天一样,苏美尔学校里的老师和大师兄也会作一些学术报告以拓宽学生的知识面。苏美尔人对教学纪律的要求非常严格,虽然老师也会以鼓励的方式教育他的学生们好好学习,但在学校里主要还是用体罚来惩治学生,使学生改正错误。

有块泥板记录了一个学生在一天内所受到的体罚。

校长读完我的泥板后，说道："这儿缺了几个字符。"说完这句话后，他立马就拿起一根藤条抽我。

负责清洁工作的勤杂工说："你怎么可以在街上游逛却不整理好你的衣服！"说完，他也用藤条抽我。

负责课堂纪律的监督员质问我："你为什么在没有得到允许的情况下就讲话？"他用藤条抽我。

组织学生集会的协调者说："在开会时，你为什么随意起立？"之后，他用藤条抽打了我。

管理学生出入学校情况的门卫说："你为什么在没有得到允许的情况下就走出校门？"骂完之后，他用藤条抽我。

教苏美尔语的老师说："你为什么不说苏美尔语？"说完之后，他用藤条抽我。

我的老师说："你今天的作业令我不满意。"他用藤条抽打了我。

由此我们可以得知，学校对学生的要求是非常严格的，也能看得出来对学生进行体罚是很平常的事，但学生也自有一套办法来减轻或是消除一些惩罚。一位毕业生回忆说，为获得一位老师对他的好感，他曾极力要求父亲邀请这位老师到家里做客，用美餐和"一点额外的敬意（钱）"来博得他的好感。老师临走时不忘在父亲面前美言他几句，称赞他学习勤奋，并鼓励他要成为其他同学学习的榜样。看来这套"贿赂"的战术是明显奏效了。

最早的图书馆

人类图书馆的产生起源于保存资料记载的习惯。早在公元前3000年左右，巴比伦的神庙中就收藏有大量刻在泥板上的各类文献资料。

古代美索不达米亚的图书馆分为三种类型，即神庙图书馆、王室图书馆或国家图书馆及私人图书馆。刻写了文字的泥板就存放和收藏在最早的图书馆之中。在古城尼尼微的发掘过程中，考古学家发现了一批世界上历史最为古老的图书馆的馆藏珍品——将近30000块写满了楔形文字的泥板。在其中的一些泥板上面，镌刻着被现代文学史称为"史诗鼻祖"的《吉尔伽美什》。这座历史最悠久的图书馆就是现在闻名于世的亚述巴尼拔图书馆，它是现今已发掘的古文明遗址中保存最完整、规模最宏大、书籍最齐全的图书馆。而且在时间上，它还要比埃及著名的亚历山大图书馆的修建时间早400多年。由于泥板图书的特殊性，记载着《吉尔伽美什》的这批泥板文献没有像亚历山大图书馆中收藏的书籍一样毁于战火，而是大部分都幸运地保存了下来。

亚述巴尼拔是亚述的末代帝王，亚述巴尼拔图书馆正是因他而得名。他自称为"世界之王"并且"伟大英明"，英勇善战的他在位时不仅使亚述帝国的疆域面积达到了极限，而且还是一位尊崇文化、酷爱读书、博学多才的国王。在图书馆遗址中出土的一块泥板上，亚述巴尼拔是这样描述自己的："我，亚述巴尼拔，作为一位君王，受到纳布智慧神的启发，认为博览群书是非常必要的。我可以从它们那儿学到修身治国的本领……读书不但可以扩充知识和增加技艺，而且可使人养成一种高贵的气质。"正是由于国王亚述巴尼拔的谦虚好学，在他的统治时期，都城尼尼微修建了这座著名的亚述巴尼拔图书馆。

值得一提的是，亚述巴尼拔图书馆能够重新与世人见面应归功于英国业余考古学家莱亚德。1849年，莱亚德在发掘位于尼尼微的亚述王宫遗址时，在亚述国王辛那赫里布的宫殿中发现了两个在后期增

亚述巴尼拔

建的不寻常的房间。这两间房子的面积之大、藏书之多,即使按照现代的标准来说,"图书馆"这一名称对它而言也毫不过分。经过一段时间的搜集,莱亚德在那里整理出近3万"册"的泥板书。

根据考古学家的考证和研究,人们基本了解了亚述巴尼拔图书馆的藏书概况。图书馆的藏书大部分是从全国各地传抄而来的摹本,另一部分则是从私人收藏者那里获得的。在图书馆的遗址中,曾发现了亚述巴尼拔给一些文官下的命令,要求他们到各省去收集图书资料。其中一封这样写道:"接到此信之日,即带舒玛、舒玛的弟弟贝尔·埃梯尔、亚普拉及你所认识的波西巴的一些艺术家去,尽可能地收集人们家中及埃齐达神庙里保存的泥板。"此外,亚述巴尼拔还聘用了数量众多的学者和抄写员,他们的职责就是专门负责抄写各地的泥板书和有价值的铭文。

亚述巴尼拔图书馆中的藏书种类十分齐全,包括哲学、数学、语言学、医学、文学以及占星学等各类专业书籍,几乎囊括了当时的全部知识门类。其中的王朝世袭表、史事札记、宫廷敕令以及神话故事、颂诗和歌谣,为后人了解亚述帝国乃至整个巴比伦文明提供了便利的条件。最为难得的是,在相关文学类的泥板书中,完好地记载着世界史上第一部伟大的英雄史诗《吉尔伽美什》,它代表了美索不达米亚文明的精华。

从图书馆藏书讲究的摆放情况来看,亚述人已懂得对各类图书进行分类和编目,他们会把各类书籍放在不同的位置加以区分。亚述书吏还会在每块泥板上附上题签,以标明该泥板所记载的主要内容,方便使用者查阅。

由于这座图书馆归亚述巴尼拔私人所有,因此这里的藏书上面多数刻有国王的名字,还会注明哪些书是国王本人亲自修订的,哪些书是由他收集而来的。泥板文书上往往还刻有"宇宙之王、亚述之王亚述巴尼拔"的字样。有一块泥板上，刻着这样一首亚述巴尼拔称赞自己所写的诗：
　　我是亚述巴尼拔，伟大的国王、非凡的国王
　　宇宙之王、亚述之王、周边世界之王
　　王中之王、亚述的统帅、无敌的君主
　　支配着大海从高到低
　　所有的诸侯都匍匐在我脚下……

书吏

　　书吏们是与文字紧密相连的一个特殊职业阶层，在当时的社会享有极高的地位。这一方面是由楔形文字体系的复杂性和神秘性所决定的另一方面是因为在当时的国家里只有很少部分的人有条件获得受教育的机会，因此最终只有人数很少的群体能够熟练地使用文字，从而也就使他们在社会中显得特殊和尊贵了。

　　组成楔形文字的符号数量总共不到600个，经常会用到的只有300多个。不过，每个符号最少也有一两个意思，平均代表四五个音节。要熟悉楔形文字的符号和语法规则已经需要很长一段时间了，要想完全地掌握和自如地使用将耗费一个人更大的精力和更多的财力，因此一般人很难做到这一点。这部分掌握了书写技能的人垄断了文化知识的继承与传播，因此他们成了一个精英阶层。而且，在崇尚诸神的美索不达米亚人眼中，文字就是神的赐予，因而掌握文字的人便是"众神的使者"。他们认为这些书吏不仅能代表普通老百姓来实现与诸神的沟通，而且还可以向神明表达普通人的希冀和愿望。正是由于书吏在众人眼中拥有的这份神秘而强大的能力，他们受到了民众极大的尊重和拥护。"一个擅长写作的人，他会像太阳那样光芒四射"，这是在巴比伦出土的一块泥板上所写的一则箴言。由此我们不难看出，巴比伦人对写作能力的极度推崇，而书吏的地位之高由此可见一斑。

　　书吏这个人群的内部还有着分类，他们主要有两种不同的职责。一类人为王室和政府机关服务。这些书吏，又可分为高级书吏和低级书吏两类。高级书吏一般在国家重要部门任职,他们通常负责拟写国王旨意,参与制定军政法令、签订外交文书和充当宫廷顾问等。低级书吏一般担当公证人、土地和财产登记员、碑铭刻录员以及审核员和会计等职位。他们有时还会担任神职,身兼书吏、祭司两职。另一类便是私人雇佣的书吏。他们一般被安排在经济领域特别是商业贸易领域工作,充当文牍员、秘书、会计等角色。

在当时,有着专门培养书吏的学校,只有从这种学校毕业的人,才有资格成为王室和神庙正式聘用的书吏或是书记员。书吏学校一般是公立性质的,因为它们基本是由王室或神庙出资建立的,通常建在宫廷和神庙附近,归王室和神庙管理。

有趣的是,美国学者爱德华·吉埃拉研究发现,在亚述帝国时期还出现了书吏私下收徒的现象。他在一些历史文献中观察到当时竟有许多学生都自称是某某书吏的儿子,他认为仅一个书吏不可能有那么多年龄相仿的儿子。因此经过一番分析和考证,他得出的最合情合理的解释是,这些人都是书吏培养的学生,书吏把他们视为养子,实质上双方互为师徒关系。这种书吏私人拥有的学生与中国古代的门生有着相类似的性质。

当时的国家性质决定了书吏基本上是为统治阶级服务的,他们会参与国家许多的重要事务。在出土的泥板文献以及一些石刻中都出现了大量书吏的形象。作为这一特殊的社会阶层,他们还拥有属于自己的行会和保护神(纳布),这些都在一定程度上保障着书吏的权利和利益。

第三章 文明之花

解读楔形文字

楔形文字又叫"钉头文字"或"箭头字",多被人们刻写在石头和泥板之上。它的笔画就像楔子刻出来的痕迹一样,而且落笔之处还很像钉头或箭头。在公元前3000年左右,聪明的苏美尔人通过画图的方式在泥板上记录账目。然而,随着社会的发展,人们谈话之间需要表达的内容变得愈来愈复杂、抽象,这些原始的图形已远远不能满足人们的需求。于是,苏美尔人对这些图形进行了大胆的改造。第一步是简化符号,用部分来代替整体;第二步是增加符号的意义。这样,象形文字就发展成了表意文字,即符号的意义不直接由图形表示而是由图形引申出来的。

楔形文字的书写方向原本是从上往下的,呈垂直状,后来改为从左而右横行书写。于是,全部的楔形符号都转了90度,这些字在外形上由直立变成了横卧。由于右手执笔,从左往右横向书写,因此文字笔画中粗的一头在左,收尾时细的一头在右。楔形符号共有500个左右,其中有许多字符具备多重含义,其准确的意思只能根据上下文的逻辑关系确定。与之后的字母文字体系相比,楔形文字体系因一字多义而使人更难以掌握。

在两千多年的历史中，楔形文字一直是美索不达米亚地区拥有的唯一的文字体系。到了公元前500年左右，这种文字甚至成了在西亚大部分地区的商业活动中专用的交流语言。考古学家在发掘过程中出土了大批的楔形文字泥板或铭刻，19世纪以来它们被陆续破译。

文字的起源

我们可以想象当年也许有着这样的场景：水量充沛的幼发拉底河从广阔的冲积平原上川流而过，它无声地滋润着沿岸一片片绵延不断的苇荡。书吏手中的书写工具：粘土和芦苇，正是来自这片河岸，富饶的平原为人们提供了用之不竭的物产。

最早在公元前8000年左右，作为计数工具的陶筹就已经被人类使用，沿用5000年未曾间断。随着商业的发展，陶筹也变得越来越复杂。公元前4000年末，开始出现或打洞、或刻道、或打洞刻道同时都有的陶筹，它们被保存在一个空心的泥球里。渐渐地，人们逐渐意识到，泥球表面留下的芦苇笔迹足以代替陶筹原有的作用。同时人们还发现，把圆的泥球压成了扁平的泥板，更有利于携带和保管。文字的雏形就这样产生了。

到了今天，人们很难分清楚第一个文字究竟是在什么样的情况下形成的。如果观察公元前3500年左右人们所使用的苏美尔文字，我们发现他们会用一块岩石表示铁石心肠，用一棵树标示一幢房屋。到了后来，为了表现更复杂、抽象的概念，他们便把两个或三个象形图画字结合起来，这样就创造出了合体字，同样也产生了会意字和指事字，这同我国的汉字发展过程如出一辙。最初，它们也像汉字一样，是从右到左竖向的书写方式。后来的字形方向侧转了90度，改为从左到右的横向书写方式。公元前3000年左右，苏美尔人把这些图画文字逐渐转变成更利于人们书写和记忆的文字符号，楔形文字由此初步形成了。

苏美尔人的神话传说中还记录了楔形文字的诞生缘由：为了收集修建神庙的木材、天青石和金银，一名接受外派任务的使者须牢记国王的嘱托远赴他国，并向其他国家的君王转述国王的旨意。等到他归来的时候，这位使者同样需要转述那位君王的答复。经过这样的多次往返，积压在使者头脑中的信息越来越多，他的口齿也变得没有之前那么伶俐了。在此情况下，一位国王初次尝试着将旨意写在泥板上——文字就在这个不经意的动作间诞生了。久而久之，人们感受到了这种方法给生活带来的便利，在泥板上写东西的做法在国内得到了普及。同时，国家对于会书写文字的人才的需求也大量增加，书吏这种职业也相继产生了。

神秘的文字

4000多年前，一位苏美尔书吏一天的工作通常是这样开始的。早晨，他使劲揉搓黏土，把它做成一块大小适宜的泥板，同时把棱角磨圆，然后再削好几支用来当笔的芦苇杆。当一切准备工作安排就绪后，他拿起一支芦苇笔，开始了今天的工作。书吏在湿润柔软的泥板上熟练地描画着，削尖的芦苇杆在泥板上留下了一道道头粗尾细的笔画，形如一个个小木楔。不一会儿，泥板上就布满了由众多"小楔子"拼成的抽象符号。随后，泥板被他放到炉灶边，小心翼翼地烘烤成砖块。泥板经过这道工序之后，会变得干燥坚硬。不过这位书吏没有想到的是，这道在他看来仅仅是每日需要完成的程序，却使这些泥板得到了很好的保存，划在上面的这些符号也被永恒地保留下来。

这些记载着遥远历史的楔形文字，同中国的甲骨文和古埃及文字一起，并称为人类最早的3种古文字。不过楔形文字在被破译出来之前，曾经使无数的考古学家和古文字学家感到非常困惑：这种"长得"既像图画又像符号的小东西到底是不是文字？如果是文字的话，人们应该从哪个方向去阅读？更让专家学者感到犯难的是,它们想要表达的是什么?它们的创造者又是什么人?可以想象,这些刻有符号的砖块被发掘出土时,细心敏感的专家们肯定把它们拿在手中翻来覆去地查看却完全找不着思路。不过,凭借着他们丰富的学识和经验,这些人已经隐隐约约意识到,在这块广袤的两河流域之上,肯定蕴藏着足以倾倒欧洲、震惊全人类的考古大发现。人们一直苦苦追求的这些模糊的线索,将会因为这些尘封已久、破旧不堪的砖块的出现而渐渐变得清晰可循!

彼德罗的发现

1625年,一位名叫彼德罗的意大利探险家来到两河流域,开始了这一次他计划已久的旅程。他注意到许多孤零零凸起的土丘伫立在茫茫荒漠中,多年的探险经历让他认定这些土丘并不是自然生成的,他决心要探个究竟。不久,彼德罗在一片土丘中找到了一些残破的砖块与石片,他细心地拭去砖上的泥土,惊讶地发现这些砖块上布满了密密麻麻的怪异的图案和符号……

彼德罗难以抑制自己极度兴奋的心情,他把这些砖块整理好打完包后,立即拿上行李赶回了欧洲。经过初步的观察和研究,考古学家确定它并非装饰品而是古代的一种文字,不过可惜的是世上都没有人可以识辨这种文字。彼德罗回国不久后开始着手写作一本关于两河流域的探险游记,后来此书畅销一时,获得了巨大的成功。不过,令他始终感到遗憾的是,他终其一生耗费了无数的精力和财力也没能破解一个楔形文字的含义。在人类考古研究能力到达一个新高度之前,美索不达米亚文明注定还要沉寂200余年。

在19世纪中期的欧洲,人们对于考古发现充满兴趣和热情。这里有一首写于当时的诗歌,其中充满激情的话语充分证明了这一点。"凝视着那心爱的古墓的目光,仿佛穿透地层直射中心;然后,如同大梦方醒,我的古墓发掘人啊,我们开挖的日子到啦!"试问有谁在形容阴冷可怕的古墓时会用"心爱的"这个词呢？这首诗所描述的内容有点超乎常理，但是从另一方面却充分证明了人们对于考古的狂热之情。

在此之前，人们还没有开创"考古学"这个专业，脑海里更没有关于"考古"的概念。直到新大陆的发现和博物学的发展，人们如同诗中所说的那样"大梦初醒"，才开始深刻地意识到历史的漫长与深邃远远超过了人们已知的程度。那首诗的最后一句话反问道："这个世界上除了发掘古墓，还有什么值得一试的事情？"由此我们可以得知，"考古"这一新鲜事物的诞生对人们的冲击是非常巨大的，同时历史留下来的谜团和疑问也给世人带来了无穷无尽的思考，激励着后世永不停歇地追寻和研究。

彼德罗的发现开始把欧洲考古学家的注意力吸引到了曾经的伊甸园——美索不达米亚。丹麦、法国、英国、德国等国的考古队源源不断地来到这里，他们开展了一场几乎可以称之为是争分夺秒的挖掘竞赛。到了1842年，一名法国领事和他的手下发掘出了一座庞大的地下宫殿，这无异于是一条颇具轰动性的消息。消息一传到整个欧洲，这片大陆立刻达到了一种为之疯狂的气氛之中。任何有关巴比伦考古的最新消息都会成为当时最为抢手的新闻。

与此同时，随着不断带回欧洲的泥板书越来越多，欧洲的各大图书馆纷纷设置了一个专门研究楔形文字的部门，数量众多的学者都在为破译这些文字做着最大的努力。一批又一批雕刻精美的浮雕和刻满抽象符号的泥板书相继出土，人们敏锐地感觉到，或许之前被他们熟知的历史将被改写和颠覆。巴比伦，这座虚无缥缈的一度被人们认为只是出现在神话故事中的伊甸园的原貌将慢慢展现在世人的面前。关于巴比伦盛衰兴替的历史以及其高度发达的经济、较为完善的社会制度和充满悬念的传奇故事，都已被古人用楔形文字记录在泥板上。换句话说，只要谁能读懂这些文字，就相当于掌握了一把开启文明大门的钥匙。

格罗特芬德的贡献

估计谁也没有料到,在破译楔形文字的过程中,获得突破性成就的恰恰不是饱读书本的古文字学家,而是一个在某次酒醉后产生突发奇想的人和一场断断续续进行了3年之久的悬空摹绘岩壁符号的行为。

1802年的某一天,一位名叫格罗特芬德,年仅27岁的德国中学希腊语教师正在同他的几个朋友聚会。当他们讨论到报纸上关于楔形文字的最新报道时,格罗特芬德因为喝醉了,肆无忌惮地说他预感自己能破译困扰了人们200余年的楔形文字。在场的朋友们对他的这番言论完全不相信,不过,他们倒是愿意跟格罗特芬德打一个赌,想看看这个毛小子到底有没有这个能耐。

令人没想到是,酒醒后的格罗特芬德立即专心研究起楔形文字来。但是,他手中拥有的唯一资料只是几份波斯帝国都城波斯波利斯出土的铭文摹本。在如此有限的条件下,他对这些摹本上的内容做出了大胆的猜想。首先,他假设铭文上写着的是某王的名字和他的称谓;然后,以波斯王薛西斯经常赞扬自己的"薛西斯、王中王、国王大流士之子、某某之子"的惯用句式,加以逻辑推理去解析这些楔形文字中的各个符号所代表的意思。通过不懈的努力,格罗特芬德还真将10个楔形文字解读了出来!相对于整个楔形文体系而言,格罗特芬德所解读出的内容只能算是沧海一粟,但他所做出的这些贡献为后来人们解读楔形文字提供了第一条宝贵的线索。

罗林逊的解读

到了1835年,英国一名25岁的陆军中尉罗林逊来到波斯一个名为"众神居住地"的破落小镇,他被郊外一块巨大的雕刻着画面的岩石所吸引。这块岩石所处位置的海拔比小镇高出520米,而且从地面到岩石脚下是人工铲平的非常光滑和陡峭的表面，这就有104米高，这道特意设置的屏障使人们根本无法靠近它。人们可以远远望见岩石上刻有一幅浮雕，其中的内容是波斯国王大流士单脚踩着反叛者，两位全副武装的波斯贵族陪伴左右，他傲视一切，面对眼前这九个从头到脚都被拴着绳索的"反王"（即意图谋反的其他国家的君王）不屑一顾。在人物的周围和浮雕的底部，人们还运用3种楔形文字描述了国王的丰功伟绩。

和当时的许多人一样，罗林逊对楔形文字也非常着迷，为了能向世人提供更多的研究资料，也为了能够破解楔形文字，强烈的好奇心使他甘愿进行一次冒险。罗林逊是一名运动健将，骑射和田径样样在行，所以对于这一次的行动他决定亲自上阵。他先是设法爬到了岩刻的底部来临摹铭文，这一点在他看来算是比较容易的。然后，他又在众人的帮助下在岩石的边缘部位架起了大长梯，自己一边手扶梯子，一边进行描摹。最后，他干脆命人从悬崖顶部放下一条结实的绳索，在把自己捆好之后，他便悬空在岩壁上摹绘这些刻在石上的符号。

当工程量太大时，他也会雇佣一些当地的男孩来帮忙。男孩轻巧而小心地借助绳索爬过光滑的石面达到铭文区的上部，然后他们把随身携带的木楔使劲捶打进岩缝，在木楔上绑好吊绳后便开始把自己悬在空中。下面的罗林逊会大声地喊着话，以给他们明确的指示。男孩不急不躁地用墨汁和纸在岩面上把那些符号逐字逐行地拓印出来。

多亏了这位罗林逊中尉学习过波斯语、印地语、阿拉伯语等多种语言，凭借着在语言方面的坚实基础以及作为一位军人所拥有的顽强毅力，在长达16年的时间里，他不仅翻译了这篇用3种语言书写的铭文，与此同时还成功地破译出约150个楔形文字符号的读音，500个单词所代表的意思以及数十个专有名词。最终，罗林逊中尉与其他学者的辛勤工作，为这种两河流域最古老的楔形文字的成功释读做出了非常重要的贡献。

这里还不得不提及一个小插曲,那就是英国皇家亚洲学会曾经为了验证楔形文字的释读是否科学合理进行过一次小小的测验。他们把一篇无人研究过的楔形铭文分别寄给罗林逊和其他3位专家,请求他们将它翻译出来,当然,这4个人都不知道这件事情。之后,4位研究者的译文被寄送回来,亚洲学会的人检查发现里面的意思基本上是一致的。到了这个时候,人们真正相信楔形文字在湮没了2000多年之后,围绕它本身的这些谜团终于彻底地解开了。

文字的功劳

这些从古墓中挖掘出的泥板书最终被专家学者们翻译出来,这使得生活在现代文明中的人们可以重新感受巴比伦帝国往日的风采和辉煌。解读这些古人留下的珍贵记录,就如一幅幅描绘着历史变迁与更替的画卷展现在人们的眼前。这不仅帮助人们捋清了美索不达米亚漫长的历史进程,而且还帮助后世了解了那一段段距今遥远却曾存在过的王朝故事。

由于楔形文字的破解,美索不达米亚的文明就像一道明亮的曙光照彻了人类的历史。许多课本都会浓墨重彩地介绍它,原因很简单,因为苏美尔人创造了人类历史上太多个第一:最早的学校、最早的图书馆、最早的船舶,甚至最早的啤酒和面包……

现在人们在日常生活中会用到的一些词语都可以追溯到数千年以前的楔形文字,就拿"替罪羊"这个我们非常熟悉的词语来讲,它来自巴比伦帝国的宗教仪式。在某一场祭祀活动中,歌队站在高达7层的马尔都克神庙里高唱赞美诗和吟诵创世史诗,祭司们为打扫马尔都克的大庙而辛勤地忙碌着,殿内烟火缭绕,人们虔诚地供奉着神明并为之焚香。祭祀开始,人们砍下一只公羊的头颅,把新鲜的羊血涂抹在寺庙的墙壁上,然后人们会把这只可怜的羊投到河中。他们认为,这样的举动能带走民众在上一年中所犯的罪过,这就是"替罪羊"一说的由来。

集古代两河流域地区法律之大成的《汉谟拉比法典》，也是用楔形文字写成的。这块用黑闪长岩制成的石碑上刻着典雅的楔形文字，它们忠诚地记载着法典的一词一句，使古西亚的法制传统得到了延续。

在由楔形文字写成的史诗《吉尔伽美什》中，对关于人类早期大洪水的情景做出了较为具体的描述。这竟然和人们所熟知的《圣经》中诺亚方舟的记载极其相似！现在的学者普遍认同一个观点，那就是《圣经》中有关洪水的描述是从《吉尔伽美什》中借鉴而来。如果没有楔形文字，史诗《吉尔伽美什》的存在也许只能依靠口头的传诵而不是文字的记载，由于口语传播的不确定性和不稳定性，很可能今天人们了解到的《吉尔伽美什》早已不是之前的模样。

深远的影响

大规模使用楔形文字的地区主要集中在西亚和西南亚。在巴比伦和亚述人统治时期，楔形文字得到了进一步的发展，词汇量扩大，词义变得更加完善，书法也变得更精致、优美。由于战争和商业活动，两河流域其他的民族也渐渐接触到了这种文字并开始学习和使用它。到了公元前1500年左右，苏美尔人发明的楔形文字更成为了当时两河流域各国在交往运输方面上通用的语言体系。后来，生活在伊朗高原的波斯人由于商业发展的需求，对楔形文字进行了更有利于人们使用、更科学合理等方面的改进。渐渐地，随着时光无声地流逝，在波斯人的影响和传播之下，古老的楔形文字慢慢演化为了先进的字母文字。

楔形文字的发明，不仅成全了高度发达的官僚体制，由于可以进行明文规定，国家的行政事业和官员级别都可以得到明确的记录，而且由于强势文化在传播过程中所占的强势地位，楔形文字影响到了美索不达米亚地区各个民族的语言交流，几乎所有处在肥沃的新月地带的民族都采纳了这套文字系统。早期埃及语也深受影响，甚至远在地中海沿岸生活的腓尼基人所使用的文字也含有楔形文字的因素。这一切使得围绕着美索不达米亚地区形成了一个"楔形文字文化圈"，犹如在古代以中国为中心的东亚所生成的"汉字文化圈"。因此也有人把楔形文字称为"古代东方的拉丁语"，即一种在世界大范围内传播与使用的语言。

在楔形文字逐渐成为当时西亚各国用来交往的通用文字之后，各国签订的条约或者往来的书信都统一使用了楔形文字。这就像今天订立外交条约和处理国际事务，往往会采用表达严谨的法文一样。那个时候的楔形文字词汇丰富、字形优美，但是这种文字的阅读和书写却很复杂，不利于普通人掌握和使用。最终，楔形文字还是被字母文字替代，悄无声息地退出了历史快速发展的进程。

文明与智慧

古代美索不达米亚人不仅在思想文化领域为人类留下了宝贵的财富，在自然科学领域也颇有建树。他们发明了世界上最早的太阴历，他们创造的六十进位制和星期制沿用至今。这些成就不仅对其他国家和民族的科技发展起到了促进作用，而且其中的许多方面还直接或间接地被现代的科技研究所吸收与采纳，为现代科学的发展与进步提供了坚实的理论支持。

数学之美

古代的美索不达米亚，数学几乎与文字同时产生。因为文字并不只是用来满足狭义上指的文明创造的需要，而是为了有利于社会经济的良性循环，更确切地说是为了满足当时商人记录财产和了解产品的实际需要。因此，数学符号的发明和使用就显得非常必要，也是顺理成章的了。

考古学家在美索不达米亚总共发现了大约50万块刻有楔形文字的泥板，其中有300多块上的内容被鉴定为是纯数学的。其中，有学生用来练习的"习题集"100多块，余下的200多块均属于数学表格。"习题集"中的题目大都跟代数和几何有关，数学表格所涉及的范围则比较广泛，包括乘法表、除法表、倒数表、平方表、平方根表、立方表和立方根表等，甚至还有指数表。大部分记载着数学表格的泥板出自尼普尔，尼普尔曾是古巴比伦时期书吏教育的中心，而数学又是书吏教育的重要课程之一。

在进位制方面，苏美尔人是世界上唯一使用六十进位制的民族，古埃及人使用的则是十进位制。原始时代的人计算数字得用手指，数完10后就要重新数起，这种数数的方式自然而然地产生了十进位制。美索不达米亚人的想法比较奇妙。他们在计算数字时，把5个手指和一年中的12个月份巧妙地结合起来，即5乘以12等于60，于是六十进位制就这样产生了。今天我们所熟知的一个圆周分成360°、一小时分为60分、一分钟分为60秒的常识，都得益于苏美尔人的贡献。

到了巴比伦人这儿，他们开始用十进位制和六十进位制相结合的方法进行计数，这样的好处就是只需要3个数字符号就能表示所有的数字，他们就是1、10和100。比如，A表示1，反复使用9次就是9；B表示10，放在A后面就表示60或3600；A和C组合在一起就可表示数字100，而1000则可由ABC组成。虽然人们在使用这一计数法时有时会按十进位制，有时又会按六十进制，使数据经常产生混乱。不过，由于巴比伦人根据同一数字符号与其他数字符号的不同位置关系来代表不同的量，因此产生了数字位置的概念，这是数学发展史上的伟大发现。仅在这一点上甚至可以与字母的发明所带来的影响相媲美，因为二者的共同之处都是用少数几个简单的记号来表示数量更庞大、意义更复杂的文字和数字。这一方法不

》神奇的 巴比伦…

仅古埃及人不知道，甚至连古希腊人、古罗马人也没有意识到。在这种数字位置概念出现以前，人们都是用不同的符号来表示十、百、千的，不大的数字就已经要用到许多符号来表示，这种办法非常的麻烦。而巴比伦人用这种改变同一数字位置的方法，使数字表示法大大简化，使得数字记录和数学运算变得方便了许多。

巴比伦人在当时已掌握了一定的几何知识，他们在丈量土地时，面对着不规则的田地面积，会先把田地分成不同的长方形、三角形和梯形分别来计算，最后再将各种大小面积一块儿汇总。他们甚至还掌握了毕达哥拉斯定理，计算出圆周率为3。在代数方面，他们已能计算出含有3个未知数的方程式的值。此外，由于商业贸易的需要，巴比伦人还制定了表示重量、长度、面积、体积、货币等的计算单位。由此我们可以看出，古巴比伦人有着惊人的数学天赋，他们在数学方面所做出的探索，为这一重要学科的发展提供了非常宝贵的资源。

星辰和诸神

从古至今，人类就渴望能依赖某些力量预测未来，从星象和一些神秘符号中解读自身的命运。在科学发达的今天，后人对这些想法和行为总是持怀疑和批判的态度。然而，如果我们站在几千年前的美索不达米亚人的角度，会发现这一切都是可以通过占卜和占星术来实现的，迷信大概是世界上各个民族在他们的文化中都具有的成分，只不过，巴比伦人在这一点上表现得非常突出。

美索不达米亚的自然环境造就了巴比伦人如此信赖占卜和占星术的民族心理。由于每年都会受到底格里斯河和幼发拉底河洪水灾害的影响，洪灾给他们留下的深刻印象不是河水泛滥的周期性，而是河流泛滥的时间和水量的不可预见性。每年一到春季，美索不达米亚北部地区的大规模降雨和托罗斯山脉和札格罗斯山脉上的融雪将汇聚在一起，这常常会引发特大洪水。巨大的水流不仅充满了用来灌溉的沟渠,而且会毁坏农田。在巴比伦人的眼里,他们的洪水之神不是友善之客,他的性情是非常凶狠恶毒的。在苏美尔人的文学作品中,可以常见到这样的词句:

猖獗的洪水呀,没人能和它对抗,

它使苍天动摇,使大地颤抖……

庄稼成熟了,猖獗的洪水将它淹没。

由于对洪灾的恐惧,加之国家的四周永远存在的外族入侵的威胁,这些因素使得巴比伦人深深地感受到自己仿佛无时无刻不在面临着许多种无法控制的力量。在一首巴比伦人的诗中是这样写的:"只有人,他的寿命不会很长,他无论做什么,都不过是一场虚无。"

他们的人生观带有悲观的色彩,他们认为,人生来只是为神服务的,神的意志和行为是无法预言和违抗的。因而,在当时极为有限的条件下,他们只能用种种不科学的办法来预测变幻的未来。一个方法是依靠梦的内容来解释形形色色的征兆。另一种方法是剖肝占卜术,他们通过观察被屠宰动物的肝脏形状来预测吉凶祸福。还有一方法是占星术,以观察星辰的运行情况来预测人的命运。有趣的是,当时的人们都尊奉着一位属于自己个人的神,他们认为,一个人的愿望和渴求可以经过他传达给相隔遥远的诸位神灵。

在美索不达米亚人看来,神不仅给人们带来物质上的赏赐,而且赐予人预言未来的能力。神会通过托梦、创造神迹和显示预兆来传达他的旨意。另外,人们还认为,魔鬼会躲在茫茫宇宙间的那些阴暗角落。他们一旦找准机会就会依附在人的身上,尤其是在人做了亏心事的时候魔鬼的阴谋最容易得逞。如果想要驱鬼,办法有两种,一是向神灵进行诚心的忏悔以祈求神的宽恕;二是让巫师施法驱鬼辟邪。巫师需要举行一定的仪式以达到驱鬼的目的。例如,巫师给病人治病时,首先,会命人从幼发拉底河或底格里斯河取来河水,把这称之为圣水的河水洒在病人的身上。然后，在一张纸上画一个魔鬼，并把这张纸扎成小船，同符咒一起放入河中。如果此时有一阵大风把船吹翻，巫师就会认为这是神明在驱赶恶魔，人的疾病就有可能得到治愈。

占星术与天文学

巴比伦的占卜传统流传已久，他们的占卜各种各样，数量颇丰。最普遍的便是肝脏占和星占。

所谓肝脏占，就是用献祭动物的肝脏做占卜之用，使用的主要是羊肝。羊肝上有许多千奇百怪的形状和斑纹，巴比伦人认为，这是神灵留在羊肝上的记号。到了后来，巴比伦人不再屠宰真羊而是改用泥土制成的羊肝模型来进行占卜。肝模型的每一部分都有其固定的含义，人们会用楔形文字标上记号，远看就像一幅羊肝形地图一样。当时，大到国家的出兵征战，小到商人的店铺开张，人们都要占卜问卦。这些在今天看来十分可笑荒唐的举动，几千年前的巴比伦人却坚信不疑。后来，这些充满神秘色彩的占卜术还传到了欧洲。

早在公元1900年左右，美国学者皮克斯就在一些记载有天象占卜的泥板文书中发现了关于12个星座和12个月份的排列组合。他继而把这些每月相对应的星座资料进行梳理整合，后写成一本名为"星盘"的著作。

在1907~1915年之间，一些研究亚述历史的德国专家发表了一系列关于古巴比伦天文学的学术论文。此后，专家们对古巴比伦的天文学研究一直延续到现在，特别近年来，欧美学者获得了一批很大的成果。年代学者发明了通过用天体运行年表筛选巴比伦泥板中所记载的各个时期的天体相位周期的办法，从而可以推算出天体相位相对应的年代。

被人们解读出来的"金星泥板"上共记有59个天象及其预兆。其中第1条到第21条预兆和第34条到第37条预兆记载着21年中金星运动的情况。前21个预兆又被分成两个系列：其

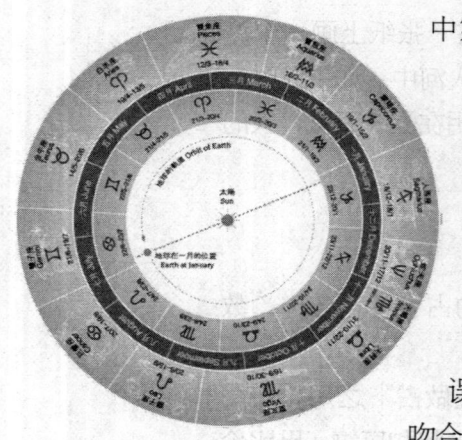

占星术与天文学

中第1条到第10条记载的是金星运行的一个八年周期，而后面10条预兆显示的是金星的另外一个八年周期。据天文学家平格瑞分析，第二个运行周期并不是第一个周期的继续。里面统计的数据错误较多，他猜测这段记录是抄自不同时期的金星记录。然而，第1条到第10条预兆所记载的金星周期除一个基本数据错误之外，和现代天文学计算出的答案完全吻合。

苏美尔人经过长年累月的观察，他们发现每颗恒星升起的时间都具有一定的周期性。观察到太阳围绕地球运转一周后会形成一条轨迹，人们把这条轨迹叫做"黄道"。从原则上来说，通过观察太阳与恒星的相对距离比较容易确定历法。不过，如果是孤立地通过观察某颗恒星来制定历法是困难的。之后，人们把相邻的恒星按一定顺序连接成一个标志，这就是我们所知道的星座。为了便于记忆和辨认，他们根据星座的大致形状，给予它一个特有的名字。这样，等到某个特定星座升起的时候，这就可以作为一个季节来临的标志。

到了公元前3000年左右，苏美尔人已发现了象征四季来临的四个星座，他们分别是代表春季的金牛座，代表夏季的狮子座，代表秋季的天蝎座和代表冬季的摩羯座。在这个基础之上，他们又进一步把天空划分成36个区域，每三个区域为一组，每一组中间的区域所形成的总合就变成了沿用至今的"黄道十二宫"，连名称都与当初无异，只把苏美尔人称呼的"犁沟"改为了"室女"，"雇农"改为了"白羊"。这十二宫分别是白羊宫、金牛宫、双子宫、巨蟹宫、狮子宫、室女宫、天秤宫、天蝎宫、人马宫、摩羯宫、宝瓶宫、双鱼宫，即我们现在非常熟悉的十二星座。

巴比伦人创造的星座这一概念经腓尼基人传到希腊，这些星座的名字被希腊人接受。同时，希腊人自己也命名了很多星座，他们还把这些星座和古希腊美丽的神话传说联系起来。大约在公元前270年，希腊诗人阿拉图斯创作了《天象诗》，写入了44个星座的名称。希腊的天文学家托勒密于公元前2世纪左右对从古至今流传下来的天文学成就进行了汇总和编辑，编制出记录比较完整的星表并列出了48个星座名。这一举动为今天国际上通用的88个星座的由来奠定了基础。

巴比伦历法

巴比伦是西方古代天文学发源地之一，巴比伦历法在公元前2100年左右就已确定了它的一些基本原则。历法中规定春季为一年的开始，一年分成12个月，以新月出现作为每月的开始，大小月相间分布，大月30日，小月29日，一年共354日。闰年则有13个月，即会有383日或384日。如果按这个原则来算的话，巴比伦历法应该属于阴历。巴比伦历法既可以帮助农业生产，又为宗教庆典服务，因此它每个月的名称和两者都有关系。

巴比伦历法为了岁首能固定在春分日，于是采用了置闰法。在公元前6世纪以前，置闰没有一定的规律，是由国王根据情况随机宣布的。公元前529年到公元前504年之间，人们采用八年有三个闰月的历法，其置闰的年次分别为三、三、二年。八年有三个闰月的历法废除后，二十七年十闰法得到应用，最后于公元前383年开始采用十九年七闰法。至于闰哪月，在早期萨尔贡王统治时期，闰月一般规定在4月。汉穆拉比王时期，则偏好把6月作为闰月。其后各王的统治期间，一般都将12月作为闰月。

巴比伦人把一天看成以日落为开始，即从日落到第二天日落为一日。他们还把一天的时间分为6更，白天和夜晚各3更；白天的这3更分别叫做日出更、子时更和日没更；夜晚的3更叫星见更、午时更和黎明更。一日又分为12时，每一时分为30分，这里的1分等于现今通用时间的4分钟。

其实,最早的巴比伦历是以5天为一周,一年含有72周、共360天这么规定的。后来为了配合所谓的忏悔日,以第1月的1、7、14、28日和第2月的5、12、19、26日类推到全年,最后形成了一周有7天的现象。

金属冶炼与制作工艺

两河流域的金属冶炼技术比较发达。工匠们会使用多种方法从矿物中提炼金属,如在"灰吹法"的基础上加热金锭是提纯黄金的常用方法。巴比伦王尼布甲尼撒时期的一份文件记载,一个5斤的金锭首次加热后重量减轻了2/3斤5舍克勒钱,第二次加热后又减轻1/2斤5舍克勒钱,最后得到的纯金重量只有的3斤。在当时,黄金常当作国家与国家之间互赠的礼品。文献中有记载表明由于金子纯度不高、杂质过多的问题而引发争执的外交事件。埃及就曾常常送些未经提纯的金子给其他国家,巴比伦的布腊布瑞亚斯就曾经有两次向埃及的阿蒙霍特普五世抱怨他们送的金子质量低劣,20斤的金子提炼后就只有5斤了。久而久之,这些接受者们也想出了一些应对的法子,他们巧妙地把这些金子制成器皿,然后当成礼物送还给埃及。考古证据还表明两河流域很早就有了冶炼金属制造出的工具,如不同型号的炉子、杵、碾磨机以及用来过滤、蒸馏的滴水瓶等。

两河流域的工匠们还学会了通过搭配不同比例不同化学成分的物质来制造合金或合成物。比如,一种被称为"铜—铅"玻璃的配方是:铅、铜、硝酸钾和石灰按600:100:150:5的比例配置,当这些物质之间的比例变成60:10:14:1时,就制成了所谓的"阿卡德铜"。除冶炼金属外,人们还可以生产某些化学原料。亚述人就掌握了配置和使用硫酸、苏打、硫酸盐等技术,他们还懂得使用一些化学着色方法,如用熔化的金子给玻璃镀上一层红色。

在当时,人们制作金、银制品的工艺水平也非常高。在早王朝时期他们就已对凸纹制作、镂雕、雕刻、金丝装饰及锻造工艺等技术有所掌握。例如，人们在一座麦斯卡拉木都墓中发现的一个假发金盔由平金板打制而成，细线凸纹表示的是分散的头发。乌尔墓出土的一些女侍装饰物中，有金银制成的配有植物花纹装饰的梳子和由较小的牛状、羊状、鸟状和鱼状护符构成的花冠以及牛形大耳环。这些金、银制品不仅代表了当时人们所拥有的精湛的工艺水平，还反映出这个时代一定的审美情趣。

制陶与纺织

陶器是生活在两河流域的人们主要的日常用具，因此陶器制作也就成为了当时重要的手工业部门之一。

在巴比伦王朝的早期，陶器在制作上仍保留了许多史前的彩陶风格。以"轮制"方法可以做出一种极富特色的鲜红彩陶，其彩绘方法是先用黑彩在淡黄色的陶衣上打草图，在此基础上再用鲜红色的陶彩绘出图案，图案多以几何形和动物图案为主，描绘的图案十分具体生动。人们往往在陶器的表面上用几个画框分别把人或动物图案分成几组，这些图案不少是反映当时的现实生活和历史内容的。如阿格拉卜丘出土的一件彩陶上，描画了三个裸体妇女正在为一头拴住的动物击奏长鼓。陶器制作得都很精致，器型多为广肩罐，这种造型的陶器，往往短颈下面有一个或几个三角形錾耳。后一阶段的陶器则装饰有各种形状的刻画，器型也发生了相应的变化。然而，上述的鲜红彩陶只出现在底格里斯河以东的苏美尔地区和现在的伊朗边境。

在尼尼微到叙利亚边境一带，这里的彩陶已经有了多种分类。其中，有带圈足的高水果托盘，配有圆底或圈足底的长颈折肩罐和折腹碗等。彩陶的图案均是在素色的表面绘上深紫色，陶器上已经开始绘有繁缛的图案，一些大器物上常绘有长颈山羊、水禽、鱼和一些几何图案。在彩陶之后，开始出现素面陶，这种陶器的陶土更加细腻，上面刻画了精致的纹路。

在古巴比伦时期，制陶技术又有了新的提高，人们发明了高温窑和上釉的技术。在烧制陶器的基础上，古巴比伦人还发明了制造玻璃的技术。

两河流域的纺织品主要以亚麻和羊毛为原料。据文献记载，在古巴比伦时期，人们所用的纺织工具分为卧式织机和立式织机两种。其织出来的麻织品的经纬密度达到每平方厘米63×73根，这表明他们的纺织技术已达到了相当高的水平。

交通运输业

两河流域地区的交通运输主要是陆路运输，最初是靠人力搬运、牲畜驮运，后来发展为一种用牲畜牵引的泥橇进行货物和人员的运输。

大约在公元前3000年，两河流域的人们发明了带轮子的车辆。从发掘出土的一些战车模型中，我们看到当时的车是由四个轮子组成的，轮附于车轴旁，四头牲畜负责拽引。这些车有独辀和短衡，人们用绳带把牲畜的颈部固定在衡上，当牲畜拉拽车身时，由于颈部受力，通过衡和辀拖动车轮行进。早期的轮子都是由一块圆形的实心木板做成，人们把它牢固地连结在随轮转动的轴上。也有的车轮是由三块木板合为圆形，被若干金属条连接固定，人们在轮子的边缘钉上密密麻麻的一圈铜钉。后来轮毂出现了，并且轮子的中心部分被挖空。到公元前2700年左右，轮辐也出现了，一辆构造完整的车的模型就这样形成了。在亚述时期，车多是为了服务战争。

轮子是人类历史上伟大的机械发明，运输工具使用轮子可减少与地面接触的面积，将车身所承载的重量和地面的摩擦程度减到最低，这样能达到用较小的力量运送较重货物的目的。因此可以说，车轮的发明给陆路运输带来了一场革命。后来这种技术被传至欧洲和东亚各国，今天我们的生活中仍然在采用这种古老的技术。

水上交通是两河流域不可或缺的运输种类，主要的航行工具为帆船。这种帆船的形状一般为两头高高翘起,使用时用多条木桨进行划行。帆船的船身比较长,由于拥有较大的承载能力,可将木材从今天的黎巴嫩运往地中海沿岸各地。另外,当时还盛行一种呈盆状的划艇,主要以芦苇为材料,外面用皮革裹成,用一种造型较为独特的船桨进行划行。

香水和调制技术

香料在美索不达米亚也占据着重要的地位,香料通常提供给医疗、宗教、巫术和化妆品的制作等,因此可以说涉及了几乎所有人的生活。在这一时期的文字资料中提到了许多种香水,它们有的是液体状的,有的是油膏状的。这些香水有的是由单一的香料制成,有的则是与其他物质混合调制而成。香水的制作工序比较复杂,根据文献材料我们推断可能多达十几甚至二十道程序。下面这份材料可能反映的仅仅只是制作香水过程中的一道工序而已。

"在第七次倒在一起时,你应该把塔比鲁放在优质的新鲜井水中加热,然后倒入希尔苏容器中;把1/2卡没药、1/2卡菖蒲根挤压、过滤,倒入希尔苏容器的热水中。如此浸泡一整夜。太阳升起时,你应该用滤布把希尔苏容器中的溶液和香料进行过滤。你应该把纯净的溶液从这个希尔苏容器中倒入另一个希尔苏容器中。把沉淀物处理之后,量出1/2卡滤液,使之与香料混合在一起存放一夜,纯柏叶、没药、菖蒲根……你应如法炮制……你应把它倒出来。你应在狄卡鲁壶下点着火……把水加热。当狄卡鲁壶的边缘变厚时,用手在壶上的位置扇摆……当它与洗水一样热时,把火加大。然后你的混合溶液便充分地加热了。你应把它倒入油中,用搅拌器搅拌均匀。当它们溶为一体时,观察一下火势,盖上壶,让它在火上烧2~3天……当它们溶解时,你不必用力搅动。盖上壶,等油冷却后将其取走。冲洗该壶……擦净它。这就是第七次冲洗。"

这则保存得不太完好的文献记载了可能是香水制作中的第七道工序，它展示了浸渍和提取的过程。首先是水，然后是油，分步骤制作出香水的"原油"。从材料中我们可以发现，火的使用对美索不达米亚人的香水制作起着至关重要的作用，何时需文火，何时需烈焰，何种原料需配以文火，何种原料需配以烈焰，以及应在何时准确地点火或灭火等，都是很讲究的。香水制作中每一道工序的操作方法都不相同，不同的原料也可能有不同的要求。

发达的动植物学

生活在两河流域的人们对动植物的仔细观察使他们在这方面积累了丰富的经验和知识。比如在著名的巴比伦国王米罗达巴丹拉丹的花园中，植物就按照不同的用途进行分类栽种。苏撒出土的一块泥板上记载了关于制造香药膏的一系列植物名称，这些植物都具有散发芳香气味的特点。古代两河流域的人们常常根据植物的外表来为其命名，比如，他们把一种植物称为狗舌头，因为这种植物的外表看上去颇像狗吐出的舌头。

在书吏常用的植物名词汇表中，后人没有发现任何关于植物分类的有次序的归类整理。同时，有些抄本是用阿卡德语的植物名称对译苏美尔语的植物名称，这使其成为了一种独特的双语植物词典。值得一提的是，出土的浮雕板上关于鸟类和鱼类的形状描绘得非常准确，同时显得栩栩如生。

经济文献中常出现有关植物和动物方面的记载，如在公元前2000年左右的拉尔萨市场上，出售的食用鱼的品种不少于18种，其中的鱼类有些来自咸水湖，有的来自运河。我们还从文献中发现了一些现已灭绝的稀有物种，当时在两河流域生存着一种山羊，它们有着长长的胡须，头上顶着两支分得很开的大弯角。同时，在干旱的平原上还生活一种小马，它们有着又短又厚的鬃毛，头的形状非常像骆驼。

》神奇的 巴比伦…

医学与巫术

巫师

证据显示早在公元前3000年左右，两河流域的人们就开始学习运用药物来治疗疾病。古巴比伦已有大量的药典，人们总结出了常用草药的药理特性，其中还包含了大量极有医学价值的药材名称。这些药典的产生，表明了当时人们已经开始认识多种疾病，并总结出了治疗办法。

这里，我们援引罗克斯较为中肯的评论，他写道："美索不达米亚的医学虽然还包裹在迷信之中，但已经具备了某些实证科学的特征。其中的一部分留给了希腊人，这与埃及的医学一起共同为公元前五世纪伟大的希波克拉底改革提供了条件。美索不达米亚的医生就像其天文学家一样，把他们的技术建立在形而上学的教义之上，因此没有积极地、有效地去寻求合理的解释。他们能够回答许多'何时'与'何物'，却没有兴趣问自己几声'如何'与'为何'。他们从未想到要去创立理论，而是谦虚地、勤劳地搜集资料，为此不遗余力。"

古巴比伦城虽然毁灭了，但非常幸运的是它的医药学知识流传了下来，这些宝贵的医药学遗产对后来的希腊医学和阿拉伯医学产生了重大影响。

巫师与医生

在古巴比伦时代人们的眼中，医学和巫术可以是等同的。由于他们相信疾病是魔鬼带来的，所以在巴比伦有两类医生，一种为巫师，他们用咒语和祈祷来给人们消除病痛；另一种是有着专业知识和医疗经验的医师，他们的身份是普

第三章 文明之花

通百姓。

虽然巫师主要是用符咒和巫术来治疗病人,但有时也会采取药物手段,只不过总会以巫术的形式表现出。如巫师的巫术秘方中也有"以二十五味药材制成的一种药膏"。同时,医生有时候也会用一些巫术,毕竟在那个时代的百姓的精神世界中对于神明的崇拜终究占主导地位。

由此我们可以看出,在古巴比伦,这两种治疗方法并非绝对独立的,甚至在一定情况下,巫师和医生会联合起来一块儿工作。所以说,巴比伦的宗教、巫术和医药是一个复杂的综合体。

美索不达米亚目前出土的一部最大的"药典",是一本与巫师活动有关的名为"如果驱魔者去病人家中"的手册。这本手册由40块泥板写成,共分为5个部分。其中的主要内容是,列举出病人身体上的症状和他的行为举止,然后给出相应的一条诊断法,这些方法都会告诉巫师疾病产生的原因及其预防办法,但是奇怪的是这部药典并没有提到任何治疗方法。

其中,第一部分介绍的主要是关于巫师在去病人家的途中可能会感受到的征兆。第二部分记录的内容则是按身体的部位分类,从头颅开始直到脚趾,列举出相应的各种症状。其中提到的疾病名称并非专业的医学名称,而是以导致疾病的神明或鬼怪的名字来命名的。比如,如果病人不断呼喊"我的头!我的头!"当时的人们会认为这种疾病一定是与某一位与头颅有关的神明造成的。手册中的第三部分,是根据病变的过程来分类的。其中,分别列举了各类特殊疾病的发病症状。如"病人的身体发黄,脸色发黄,眼白也发黄,并且肌肉开始松弛,那么他得的是黄疸病"。记录第四部分的泥板毁坏比较严重,很多资料已经无法读取,不过留下了一些少数的特殊病例、综合病例及其治疗方法的记载。其中提到,如果病人脸部中风,四肢麻痹,这些都是中风瘫痪的症状,那么他很可能会死去。第五部分也是最后一部分,记载的全部都是妇科疾病,其中还特别提到了由于怀孕和营养不良造成的疾病。

卓越的医学成就

当时，在医学领域里主要分为两大派：实践派和学术派。早在乌尔第三王朝时期就已出现"药典"，其中记录了用各种生物和矿物质制作的嗅剂、熏剂、滴剂、膏剂、灌肠剂、栓剂等。"药典"中还包含了十多种处方的清单，所提到的药引子有：牛奶、蛇皮、肉桂、爱神木、麝香草以及柳树、梨树、冷杉等，所开的药物还有着外用和内服之分。这部药典还间接引入了许多较为复杂的化学疗法和疗程，如其中提到了硝酸钾，还记录了对硝酸钾进行提纯的过程。

从这些处方看，尽管当时人们对许多生物和矿物的药用价值已有所了解，但这个时期的医学仍处于摸索阶段。在整个西亚，巴比伦的医学享有盛名，在公元前13世纪左右，巴比伦王曾派御医为赫梯国王哈图西利斯三世的重病进行医治。虽然苏美人和巴比伦人都将各种病因归根于病人体内作恶的魔鬼，但这部药典中并没有提到咒语和符咒。

新巴比伦时期的一部署名为纳布莱乌的文书提供了医学进一步发展后的医疗实例。这一文书共分三列，其中分别列出了药名，疾病名称以及治疗方法。

巴比伦医学已经发现在鼠疫发生之前将会先有大批老鼠死亡；一些造成人体发热的疾病可能与蚊子有关；许多泥板文书中还提到了眼疾、呼吸器官疾病、肝病和胃病、肠炎、疝痛等。这些疾病的症状都总结自临床诊断：病者的体温、脉搏的节律、肤色、炎症等都是医生观察的范围。此时传染性疾病也已被人们认识到了，当时的法律就规定身患烈性传染病的病人必须远离城市。在古巴比伦遗址中，考古学家还发现了一些较为完善的卫生医疗设施。

《汉谟拉比法典》中的法律条文还间接地告诉了我们，在当时已经有了外科手术。从中我们可以发现，那些外科医师不仅擅长断骨重接，甚至还会用外科手术治疗白内障。《法典》还包括对医生误诊的惩罚，里面规定：医生用手术刀行大手术时使病人死亡，或者用手术刀切开脓肿处而毁坏了眼睛，将罚以断手之罪；若医生用手术刀给奴隶行大手术而将人治死，应赔偿主人一个奴隶。《法典》还向人们透露出一些有关内科医生的事情，比如，医生治好一例骨病或脏器的疾病，收费五银币；若病人是奴隶则收三银币，剩下的两银币则由他的主人来支付。

当时已经开始有了私人医生，不过人数很少，而且大多数私人医生都效力于王室。

古巴比伦在兽医学方面也有了很大的进步，而且在巴比伦的古老法典中就有牛医和驴医的义务和责任以及应得报酬的规定。

卫生学与预防学

一般传统的观点认为生活在美索不达米亚的人们还没有卫生学和预防学这些方面的概念，但之后出土的一些材料似乎推翻了这一观点。首先是确凿的文字材料。例如，美索不达米亚北部的马里国的末代国王在给妻子什布图的一封家书中写道："我听说纳纳米女士病了，她跟宫里的人接触很多。她在她的房间里会见过许多女士。听着，要严格禁止任何人使用她喝过的杯子，坐她坐过的椅子，睡她睡过的床。不许她再在她的房子里会见任何人。那种病是有传染性的。"其次是实物的证据。考古学家发现了许多用石头做的厕所，并且还附带有石板铺成的大阴沟，可见巴比伦人已经知道使用地下污水道了。再次是思想观念方面的证据。巴比伦人认为一些小动物是带菌者，这些小东西可以使人生病，因而被视为神怪。巴比伦的神学中也有一种观点，认为瘟神状如昆虫。这些都说明了他们可能已经认识到昆虫可以传播疾病。

第四章　神灵的世界

人类有关于信仰的最早记录来自于苏美尔人，苏美尔人的信仰是后来美索不达米亚神话、宗教和占星学产生的源泉。苏美尔的每个城市都有着属于自己的神和神学。

苏美尔的主神是天神安努，安努最重要的伴侣是恩利勒和伊什达尔。太阳神名叫乌图，也称为沙马什，月神叫南纳，此外还有数量上百的小神。每个神都与隶属于自己的一个城市有着非常紧密的关联，当然，这些神的重要性也随着城市在政治上的兴衰而变化着。当时的人们认为，人是神用黏土做成的，其目的在于服务神。如果神发怒的话，他们就会使用地震或风暴等灾害来惩罚人。苏美尔人认为，人只有在神的怜悯和护佑下才能生存。他们还认为，人死后会化为鬼魂永远在阴间游荡。

诸神的世界

美索不达米亚历史的演变特点是，游牧民族征服原有的定居民族，然后深受定居民族的文化影响，逐渐被其同化，游牧民族最终也成为了定居民族，之后又被新的游牧民族征服。苏美尔人、阿卡德人、巴比伦人、亚述人在美索不达米亚这片土地上轮流以主角的身份登上历史的舞台，演绎着各自的精彩。于是，随着一段段历史的不断上演与转变，美索不达米亚的宗教也随之不断得到新的发展。但总的来看，各个民族的宗教相互影响，其共同的特点并没有发生多大的改变。

美索不达米亚的宗教思想内核与对自然的崇拜息息相关。由于生活在远古时期的美索不达米亚的居民还无法科学地认识自然，因此他们对自然界的一切变化都充满了恐惧和敬畏。他们认为，日月的圆缺、季节的更替、山崩地裂以及风雨雷电这些自然现象都变幻莫测、难以捉摸。不管是风调雨顺还是狂风暴雨，他们感觉好像都有一种不可抗拒的神秘力量在操纵着这些。在他们看来，人们的一切活动都被自然界主宰着。于是，对于大自然，美索不达米亚的居民由畏惧转为崇拜，由崇拜变成祈求帮助，最后把自然界的不同形式和表现理解为神灵的显现，并且坚信这些神灵在人们的生活中起着非常重要的作用。

古代美索不达米亚人不只崇拜自然的力量，还崇拜某些植物与动物。伊什达尔女神常被描绘成妇女的样子，她的身体上还会长出枝茎来。椰枣树在当地人的经济生活中意义重大，因此得到了人们特别的尊敬。在古代美索不达米亚宗教里还有着崇拜野兽的传统。比如，涅尔迦尔神是地下世界之王，他被形容成一个可怕的怪兽：头上长有牡牛的角，背部生有毛发，脸跟人一样，还有着像狮子一样的前脚。巴比伦的雷雨之神和地位最高的保护神马尔都克则是一副半蛇半猛禽的形象。

伊什达尔女神

美索不达米亚人对于天空和星辰的崇拜同样痴迷。人们认为最高的神是古代苏美尔的天神安努,安努作为"父亲"和"诸神之王"居住在天庭中最高的一重,他威严地端坐在宝座上统治着世界。女神伊什达尔的地位在诸神中也比较高,她代表的是金星,是自然、生命和生育的象征。

这些古老而复杂的自然崇拜与祖先崇拜的观念息息相关。最高之神安努被看成诸神之"父",杜木兹神则是"真正的儿子"。人们把神化的自然界、星宿的崇拜和祖先崇拜相互混合,最终形成了一套复杂的宗教体系。

随着社会的发展,王权的地位和威信逐渐得到巩固与加强,古代的自然崇拜观点逐渐发生了变化,象征着与自然界相关的诸神转变为与国家和王权紧密相连的关系。古代的自然之神变成了国家和国王政权的保护神。以前代表的是自然的力量的诸神,变成了一种抽象的概念,成为了公平和正义的化身。例如,太阳神沙马什的身份变成了主持正义和公平的审判之神,成了国家君主的保护者。"为了使他的法律照耀在王国之上",汉谟拉比国王曾在自己的法典中召唤太阳神沙马什,因为他认为是沙马什把法律赐给了巴比伦。

永生的"凡人"

在美索不达米亚的神话故事中,众神都是永生的,不过他们在某些地方又很像凡人,比如有各种需求和情欲,也有各种不足和缺陷。神话中提到,诸神也会感到恐惧。大洪水期间,眼看着洪水汹涌肆虐,众神惶恐不安,他们纷纷爬上安努的天空。在那里,"众神像狗一样蜷缩,蹲在墙脚浑身发抖"。他们还很贪婪,有时会放纵无礼,聚会时总要狂欢痛饮。《创世史诗》中这样描述:"他们喝得烂醉如泥,大呼小叫,心荡神迷,纵情享乐。"

如凡人一样,众神也有妻儿。例如安努最重要的伴侣是恩利勒和伊什达尔,也有人认为是宁胡尔萨格或者安图。像人间的社会一样,众神也有着一个组织完备、等级分明的神界秩序。

诸神之间并不是一开始就有等级区别的，而且等级制度也不是一成不变的。在苏美尔时期，由于城邦处于分立局面，因而各个城邦都有不同的保护神，后来城邦联合，被合并的城邦信奉的神也开始受到普遍的尊崇。除此之外，诸神的名字也会随着历史的变迁而改变。例如，在闪米特时期，从前的苏美尔神，常常被后世的人们赋予新的名字，所以有的神明长期拥有着两个名字。例如太阳神，既被人们称为沙马什，也有人叫他乌图。

古代的美索不达米亚宗教传统延续了几千年，神的数量颇多。正如某位学者总结的那样："天上居住着上百个像人一样的神，他们权力无边，每个神都有着特殊的任务或一定的活动范围……他们以超人的形式体现了人类自身最好和最坏的性质。"

众神之首

众神之首——天神，苏美尔人管他叫安，阿卡德人称他为安努。安，就是"天空"的意思。

根据神话记载，天神的权力是至高无上的，他拥有着绝对的威信。他居住在天国中的最高一层，被众神奉为"父亲"。众神遇到洪水等危险手足无措时，都来到他这儿寻求庇护。如果众神需要控告某人时也来找他以解决矛盾和纷争。如女神伊什达尔被英雄吉尔伽美什严词拒绝了，她跑来向安努哭诉道："吉尔伽美什诅咒我"，并请求安努派一头天牛下凡对吉尔伽美什进行惩罚。由安努主持的法庭中，所有的文件都会得到审理。

安努是君权的标志，他集权力和正义于一身。他在碑石上的形象是一位端坐在宝座上的王者，御座旁放着"象征权力的王冠、冕和权杖"。安努还拥有一支军队，这支军队被称为"安努的士兵"，是他为摧毁邪恶而创造的。安努从来不离开天国，他如果离开宝座的话，也只在天空中专为他设立的名为"安努之路"上行走。虽然安努充满威信，但他也像凡人一样有软弱的一面。在创世神话的描述中，当他被派去与提亚玛特交战时，安努却不敢迎战，把击败提亚玛特的荣誉留给了马尔都克。

安图是安努的妻子，传说中凡间的降雨就是她胸中流出的乳汁。在另一则神话中写到的，安努让她有孕之后才能生成雨水。当然，关于安努的妻子有很多种不同的说法，这与民族的多样性和所处在不同地域有关。

在苏美尔王朝的早期，乌鲁克城邦的保护神就是安努。但随着历史的发展演变，安努那至高无上的权力先后被恩利勒和马尔都克夺走。

恩利勒

恩利勒是风神，在苏美尔语中，"恩利勒"的意思是"风的主人""空气之王"。最初，他代表的是湿润的春风，可以滋润万物，促进他们的生长，同时他也是飓风之神，大风与洪水由他而生。像希腊神话中的宙斯一样，恩利勒拥有着自然的伟大力量，同时，他也像宙斯一样，被看作是能主宰人们命运的神明，受到人们的尊崇。

对于人类而言，恩利勒既是一个福神，又是一个灾星。在神话故事里，谷物女神宁利尔是他的妻子，她是被恩利勒强行抢来的，尼普尔的众神法庭由此对他做出了惩罚。之后，他被发配到地下世界，法庭同意宁利尔与他同去。他和宁利尔生下了许多地下之神，最后，他们在那里取代了之前掌管地下世界的月亮神——欣。恩利勒还是众神会议的领导者，众神会议设在尼普尔一座供奉他的神庙里。

宁胡尔萨格

宁胡尔萨格在苏美尔三大神明中排第三位。宁胡尔萨格是生育女神，掌管生育是她的一个重要职责，她是人类和动物在分娩时的保护者。同时，她是基什城的保护神。在阿达波城，她还拥有一座被称之为埃－马赫的神庙，埃－马赫是

"巨屋"的意思，这与有着"贵妇人"之意的"宁—马赫"这个词相匹配，所以宁胡尔萨格又被称为宁—马赫。

恩奇

恩奇是个足智多谋的淡水神，阿卡德人也称恩奇为埃阿。在某些神话中，恩奇与宁胡尔萨格是敌人，但在苏美尔人的神话中，恩奇和宁胡尔萨格却是夫妻关系。

到了公元前2000年，随着男性统治地位的日益提高，他取代了宁胡尔萨格的位置，成为居于统治地位的三大神明之一。恩奇是"土地生产的管理者"的意思，他负责掌管灌溉用水。人们相信，如果没有他，南部的美索不达米亚将会是一片荒漠。他是南部埃里都城的保护神，他的神庙就在那里。那些爱与他争斗的神都强壮有力，但恩奇并不喜欢依靠暴力来赢得胜利。他和恩利勒、宁胡尔萨格一样，聪明机智，以智慧见长，恩奇以自己的计谋获得敌人和人们的尊重。有时，他也被称为"大智之神""知识之神"。

有一个关于恩奇与宁胡尔萨格相互争斗的传说，在这个传说中，宁胡尔萨格被称为宁—马赫，这就是著名的"恩奇和宁—马赫"传说。相传在早些时候，为了获取食物，众神都不得不辛苦劳作，而且时刻面临着重重困难，以至于他们都牢骚满腹。水神恩奇的母亲把众神的不满悄悄告诉了恩奇，请求他为众神制造一群衷心的奴仆。于是，恩奇请来了善良的创世者们来助自己一臂之力，他们一起共同努力创造了许多人，这样的举动终于把众神从劳作中解救了出来。在欢庆会上，众神喝得烂醉如泥。借着酒劲，宁—马赫吹嘘自己有着可以随意改变人形态的能力，恩奇则辩驳说无论她做什么改动，他都能使这一切复原。可是之后，宁—马赫发现自己的神力还不足以对抗恩奇，于是陷入了尴尬和难过之中。这时，恩奇心生怜悯，故事的最后以两人握手言和而结束。

作为知识之神，恩奇把一切的知识和艺术都传授给了人类。所以在当时，木匠、石匠和金匠都把他看作自己的保护神。

马尔都克

公元前1000年左右，巴比伦兴起，巴比伦的马尔都克城的主神摇身变为众神之首。马尔都克起初是暴风雨之神，其名字的意思是"暴风雨之子"。

起初，他因为代表着巴比伦人的民族主义而备受尊崇。在《创世史诗》中，他以无畏的精神替安努迎战可怕的提亚玛特。出战之前，马尔都克一再要求众神授予他无上的权威。打败提亚玛特之后，众神对他感激不尽。为了向他表达谢意，众神封给他50个头衔，每个头衔都对应着一种优点。至此，马尔都克集合了各种神灵的优势于一身。

马尔都克兼具了众神的特点，并继承了他们的各种职责和特权。他重组宇宙，确定天体的运行轨道。同时，他还是"生命之主"，是伟大的医师。他与日俱增的声望使至高无上的安努都隐隐约约感到了压力。马尔都克非常勇猛，而且敢于承担责任。在一个神话故事中，他奋不顾身地打败了盗贼，追回了被盗的命运之匾。在另一个神话故事里，月神欣在追捕夜间作恶的罪犯时激怒了邪恶的精灵，他们耍出阴谋使欣的光芒变得暗淡。这时，马尔都克果断地站了出来，他摆平了这帮阴险的精灵，使欣重新恢复了光明。

不过，随着历史的变迁，作为城市主神以及后

马尔都克

继国家主神的马尔都克渐渐失去了他最初的光彩。最终,他的身影悄无声息地消失在了历史的长河里。

欣

月亮神是乌尔城的守护之神。在苏美尔语中月亮神被称为南纳,是"满月"的意思,在阿卡德语中被称为欣,意为"新月"。在大多数时候他是人的模样,有时候又被人描述成公牛的样子。他的妻子叫宁加尔,是"贵妇人"的意思。太阳神沙马什、金星神伊什达尔和火神努斯库是他们的孩子。由此我们可以得出推论,在美索不达米亚的神话中,光明来自于夜晚。

人们想象欣是一位留着天青色长须、常常戴着头巾的长者。他每晚都会乘着一艘小船遨游在辽阔的夜空中,而这艘小船就是世人眼中一轮明亮的新月。但也有人把那弯明亮的新月看成是欣的武器。随着时间的推移,新月会由弯刀形慢慢变成圆形,这就好似一顶闪闪发光的王冠,人们认为这是欣的冠冕,所以欣又被称为"冠冕之王"。

因为月亮会不断进行着有规律的变化,在人们看来,欣的本身带有一种神秘的色彩,并且他还具有某种神秘的能量,因此被认为是"众神都无法看透心思的神"。由于欣能给黑暗带来光明,因此那些夜间作恶者非常憎恨他。上文中提到的那些作恶的精灵想方设法共同谋害他,甚至把雷神阿达德和欣的孩子沙马什也拉拢了过去。欣抵挡不了众人的加害,他的能量在渐渐转弱,以至于夜晚的月光都开始变得暗淡。直到马尔都克挺身而出,宇宙的正常秩序才得以恢复。

欣还肩负着计算时间的职能,因为在创世之日,马尔都克便对欣嘱咐道:"你在每月之初光照大地,那弯宛如双角的新月将辉耀六天;你的王冠在第七天分为两半;两周后你的王冠将恢复它圆满时的样子。"

沙马什

　　太阳神在苏美尔语中被称为乌图，在阿卡德语中被称为沙马什，二者都是"太阳"的意思。在神话故事中，每天的清晨，一个居住在东边山上保护各条山路的蝎人都要把山腰上的一扇折叠大门打开，太阳神沙马什从这里跳出来开始他一天的工作。当太阳神出现时，他的双肩散发出灿烂的金光，手握一个形似锯刀的器物。他坐在车夫布尼尼为他备好的马车上，布尼尼驾着马车，太阳神在耀眼的金光中缓慢地腾空而起，他一天的旅程由此开始了。当黄昏到来时，沙马什乘坐的马车将驶向西方之山。

　　沙马什的职责和晚期的希腊太阳神阿波罗比较相似，他们都是占卜之神。通过专门负责占卜事宜的祭司巴鲁，他会根据神灵的旨意为人们预测未来的事情。每一次的占卜，巴鲁都要向沙马什献祭。然后，他要么观察装在圣盆中的浮油的情况，要么检查献祭牺牲的动物的肝脏，要么解释众神在恒星的位置、行星的运行情况和陨星的出现所表示的喻意。在拉尔萨和西帕尔这两地，沙马什最受人们的崇拜，因为占卜术在拉尔萨和西帕尔极为盛行。

伊什达尔

　　关于女神伊什达尔，有着很多种说法。一方面，有人说她是守护枣椰仓库的女神；另一方面，又有人说她是放牧女神，拥有着在沙漠中创造牧场的力量。苏美尔语称她为伊南娜，阿卡德语称作伊什达尔。在某一个神话中，她是安的女儿，是爱情女神；在另一个神话中，她又是欣的女儿，乌图的姐姐，是战争女神。

　　在神话《伊南娜降至冥府》中，讲述了她怎样试图从姐姐手中夺取统治阴间的权力。她想方设法获得了进入死人之城的途径，但在后来还是被她姐姐打败了。伊什达尔被判处了死刑，变成了一块烂肉。随后，她忠实的仆人向诸神求助，但是只有恩奇做出了积极的回应，他创造出两个动物，这两个动物诱使伊什达尔的姐姐答应给与它们所想要的东西。于是，它们便提出要那块肉的请求，伊什达尔的姐姐迫于已给出的承诺，只好把这块肉奉送给了它们。这两只动物在肉上洒上生命之水，种上生命之草，伊南娜得以复活。

她最终被允许离开这里，但姐姐开出的条件是她必须给自己找个替身。在返回的路上，伊什达尔咒骂她年轻的丈夫杜木兹，因为对于失去她这件事，他似乎并未表现出多少悲伤之情。伊什达尔越想越难过，越想越生气，盛怒之下她决定把丈夫当作自己的替身交给恶魔。杜木兹想要逃跑，但最终被伊什达尔抓住。杜木兹的姐姐焦急地寻找着自己的弟弟，发现他被困在了阴间。杜木兹的姐姐找到伊什达尔理论，于是伊什达尔答应他们可以轮流替换，各自在阴间和阳间度过半年时间。

尽管伊什达尔性情暴躁，但是她心地很善良。尘世间的凡人常常能享有她的福泽，因此她是最受欢迎的女神，全体的苏美尔人都尊崇她。许多国王将自己的成功继位归结于伊什达尔的爱情。阿卡德国王萨尔贡就曾这样讲述过自己的身世："我的母亲是位女祭司，我不知道父亲是谁。身为女祭司的母亲怀了我并偷偷地将我生了下来。她将我放在一只由芦苇编织而成的篮子里，用松香封住篮口。接着，她把篮子放入水流平稳的河中。河水载着我，将我带到一名前来打水的园丁跟前。园丁善意地看着我，将我从河中救起。他把我带回家抚养成人，他使我也成为了园丁。女神伊什达尔正是在我当园丁的时候爱上了我，最后，我成了国王。"

相传，伊什达尔对亚述国王亚述巴尼拔也格外爱戴，她曾对亚述巴尼拔说："我的脸将紧贴着你的脸，恰如母亲用脸温暖着她的儿女一样，我要将你视为被雕琢过的宝石，放在我的胸上。夜晚我要给你盖被子，白天我将给你穿衣服，不要害怕，呵，我的小宝贝，是我养育了你。"

新巴比伦时期，星宿崇拜的观念得到了进一步的发展，神所具备的人的品格消失了，他们渐渐升为超凡的、万能的、为人所不及的神灵，并被视为星宿。伊什达尔即成为了金星。

拥有特权的祭司

美索不达米亚的神庙里供奉着大大小小许多的神明，据统计，考古学家仅在苏美尔遗址中就发现了3500多座庙宇。

美索不达米亚人非常注重现世的享乐，建造神庙就是为了祭祀诸神，与神保持良好的关系，期望神明能保佑风调雨顺、国泰民安。对于修建神庙，各民族都舍得花大本钱。所以，在一国之内，庙宇建筑的精美程度往往仅次于王宫。希罗多德在他著作中描述的巴比伦通天塔，就是最具代表性的神庙。

祭司是专门侍奉神的工作人员，他们负责主持祭祀活动、节庆典礼和念咒祈祷、占卜等事宜。他们组成了古代美索不达米亚国家中最特殊的一个阶层。

既然神庙的数量都已经如此之多，祭司作为神庙的侍奉人员，数量自然惊人。他们不仅人数众多，而且拥有着诸多的权利。

在美索不达米亚，一个国家的王权只受到三方的约束：法律、贵族和祭司，其中祭司的管束最有分量。国王的权力由神授予，而神在凡间的代表是祭司，在老百姓眼里，如果人君不从祭司手中获得权杖，他的继位就不能称为名正言顺。一位新的君主登基时，一般都有庄严隆重的仪式，在仪式中祭司将代表神把权力授予这位君王。在这种神权政治的大背景下，祭司拥有显赫一时的地位。

拥有特权的祭司

而且，祭司这一群体在国家经济中起着重要的作用，他们掌管和控制着神庙的财富。由于宗教在一个国家中占据重要的地位，所以美索不达米亚的神庙聚敛的财富无以数计。国王一般会划拨一部分土地归神庙所有，并指定某些区域的人们定期献租纳税。如果对外战争获得胜利，战俘和战利品最先送达的地方就是神庙。加之国民竞相敬献的各类供品，神庙里不仅有着充足的食品和果蔬，而且还积累了大量的金银财宝。祭司作为财富的管理者，他们可以出租土地、经营钱庄，参与众多的商业活动，这使得神庙的资产不断增值。祭司因神得财，因财得势，这使得他们成为了社会的特权阶级。

祭司多出身于名门望族，他们的这一职业是世袭的，其称号也代代相传。他们往往还是垄断了一国文化知识的人，这群人的数量相对于国民数量而言只是很小的一部分。在神庙开设的学校中，祭司既是校长，又是教师，通过长时间的教育，对学生灌输宗教思想。因而，他们也成为了控制人们思想的阶层。

祭司的内部也分不同的等级，高级祭司负责主持重大的祭祀活动，普通祭司则按各自的等级各司其责。比如卡鲁、那努负责领唱圣歌，尼撒库负责主持奠酒，那姆克负责清扫，巴努则负责驱魔仪式等。另外还有专门从事占卜和解释预兆工作的祭司，他们负责求神问吉、解梦看相、观星占卜等。

正如神和神庙在人们心中居于非常重要的地位一样，祭司也是城邦统治集团的核心成员之一。城邦统治者通常被称为"恩希"，恩希同时也是掌管城市神庙的祭司。恩希的妻子负责管理城市的女神庙宇，恩希的儿子们则负责诸神儿女的庙宇。据我们所知，苏美尔早期的统治者全是祭司出身。他们之所以能够成为国王，只不过因为他们是众祭司的首领。

宗教宣传的鬼神观念影响着人们的日常生活，宗教传输的农业丰产观念和进行的祈求丰收的宗教仪式影响着人们的生产活动。由于人们对诸神伟大的力量既充满了惧怕，又满怀希冀，于是，众人产生了对神的虔诚信奉和对祭司的依赖与归顺。

但是，神权政治在古代世界频繁发生的种族冲突中暴露了许多固有的弱点，给各国的发展与进步带来了不利的影响。这些影响主要表现在以下几点：

第一，各地有着各自的保护神，推崇各自保护神的祭司们之间必然互相排斥不能诚心地联合互助。

第二，祭司所受的教育与所处的环境使其不适合成为军事统领。在这种情势下，世俗王权得以乘机兴起，并与祭司集团时时产生对立和对抗。

巴比伦和亚述历史上出现的诸如阴谋篡位、私通外国、朝代兴替等重大政治事件，多半都是祭司集团与君主政权之间相互较量的产物。例如，亚述国王森纳切里布曾与巴比伦的祭司们发生过一次激烈的冲突，盛怒之下，他摧毁了巴比伦城的神庙，把马尔都克的神像搬迁到了亚述，以此打击巴比伦祭司集团的势力。他的另一个儿子继位以后，可能是因为惧怕马尔都克神的愤怒和巴比伦祭司的报复，最终决定把马尔都克神像送还给巴比伦并允诺重建神庙。至此，国王与神权集团的关系才重修旧好。迦勒底人统治巴比伦帝国时，国王那波尼德曾企图通过发动一场宗教改革运动来达到统一全国宗教信仰的目的。他把各地信奉的诸神神像进行搬迁，把他们全集中在巴比伦的马尔都克神庙中。可能是因为事情进行得过于仓促，这场运动不仅激起了各地方祭司们的强烈反对，而且引起了巴比伦祭司集团的猜忌。巴比伦的祭司集团趁机与早就虎视眈眈的强邻波斯人勾结，把居鲁士带领的军队引了进来，那波尼德不幸成为了波斯人的阶下囚。居鲁士按照巴比伦各地祭司的意愿，把各个神像送回他们原属的神庙之中，他也因此而得到马尔都克神的"保佑"和巴比伦祭司集团的支持，在巴比伦成功建立起波斯人的强大帝国。

别样的风景——女祭司

在古巴比伦时期，在社会中兴起了一个特殊的由女性组成的阶层，即女祭司。她们同男祭司一样享有很高的社会地位，同时，她们在经济领域和宗教领域也发挥了重要的作用。对女祭司这一特殊群体进行研究，有助于后人进一步了解古巴比伦的社会状况。

宗教在人类的早期历史中占有重要的地位，神庙祭司在政治、经济、文化生活中扮演着重要的角色。在古巴比伦时期，修道院开始兴起，与此相对应的是社会上逐渐产生了一群女祭司。她们的情况和普通的妇女不同，在社会上她们有着很高的地位，在经济领域她们也是积极的参与者，在宗教领域内，由于她们把一生都献给了神，因此与神有着非常紧密的联系。

在现存的泥板文书中，记录关于西帕尔地区的女祭司的材料比较充足。所以，我们以西帕尔地区的女祭司为例，对这一特殊阶层进行简单的介绍。泥板文书显示，西帕尔地区的女祭司主要分两种：一种是住在修道院里的女祭司，另一种则不住在修道院里。前者主要包括沙马什纳第图女祭司、塞克雷图和乌克巴不图，后者主要包括马尔都克纳第图、库尔玛什图和卡第什图。

沙马什纳第图女祭司

纳第图是女祭司中的一种,她们在古巴比伦以前就已经存在,但是在那时纳第图的身份是皇家中的成员。纳第图其字面的意思为休耕的土地和没有开发的土地。

大部分的纳第图都来自社会的上层阶级,她们主要是公主、高级官员的女儿(军事官员的女儿、神庙官员的女儿、政府官员的女儿、修道院官员的女儿),以及一些富裕书吏和工匠的女儿。西帕尔的修道院具有很高的社会声誉,以至于其他城市的女孩都纷纷慕名来到西帕尔的修道院做一名纳第图,这些人有的来自首都巴比伦城,有的来自狄勒巴特城等。

每位纳第图到了结婚的年龄便会进到修道院里,并且在修道院里度过她的一生。很多纳第图在进入修道院的时候,都会带有大量的奴隶和不动产,在修道院的生活中,她们还会使这些财富大大增加。纳第图不允许有性行为,她必须保持独身。古巴比伦时期的修道院和中世纪的修道院有很大的不同,除了对神庙负有一定的义务之外,修道院里女祭司们的行为主要都是个人性质的。虽然纳第图的活动范围被限制在修道院里,但是她也拥有一定程度的自由,并且可以和修道院外的人保持一定的联系。根据一些遗留下来的书信内容,我们发现纳第图可以邀请一些人到修道院里看望她,同时她在许可的时间内也可以离开修道院到外面去参观。

纳第图的社会地位很高,人们以能进入西帕尔的修道院为荣,以至于一些家庭中的几代人都进入了这座修道院。有很多例子显示,有时在一个家族中,姑妈和她的侄女以及她的一些堂姐妹同为西帕尔修道院的女祭司。在很多家庭中,都会有姐妹两人都在做纳第图,还有一些家庭会选择让年龄大的女儿做住在修道院里的纳第图,年龄小的则当不住在修道院里的女祭司。

《汉谟拉比法典》中有很多关于女祭司的条款,这也显示了女祭司拥有很高的社会地位。她们带去修道院的财物会受到保护,她们可以得到兄弟们的帮助,她们有权选择自己的兄弟或者和她没有任何关系的人来负责管理她的庄园。例如法典第178条规定:"如果一个纳第图或塞克雷图女祭司的父亲赠给她嫁妆并为她写了泥板文书,但在为她写的泥板文书中并没有提及她本人可以把自己的遗产赠给她喜欢的任何人,(因此)这就是父亲没有授予她可以随意处置私人财物的权力,在父亲死后(直译:走向命运),她的兄弟们可以拿走她的田地、椰枣园等。不过,他们应该根据她的情况提供相应的口粮、食用油和衣料(直译:羊毛),因而使她心情愉快。但是,如果她的兄弟们没有给予她口粮、食用油和衣料,因而没有使她心情愉快,她就可以把自己的田地和椰枣园出租或送给她喜欢的农夫。这样,她的农夫必须长期供养她。只要她活着,她可以使用父亲给她的田地、椰枣园和其他任何的东西。但她不能卖掉(它们),也不能用这些去偿还所欠的债务;在她去世后,这些财产的继承权属于她的兄弟们。"

同时,法典还规定如果一个女祭司的父亲没有给她嫁妆,那么她可以得到和她兄弟们一样等额的遗产。这在法典第180条规定中有明确的记录:"如果一个父亲没有给住在修道院里当纳第图或塞克雷图的女儿嫁妆,那么父亲死后,她应像一个继承人一样分到父亲家产中的一部分,并且终身享有。她的遗物属于她的兄弟们。"在当时的社会中,一个女子能得到和男人一样的继承权,这是非常让人吃惊的,由此可见,女祭司的社会地位有多高了。

马尔都克纳第图女祭司

马尔都克一开始是巴比伦城的守护神,随着巴比伦城对全国的影响日益扩大,马尔都克也慢慢成为了全国的主神,所以在巴比伦和西帕尔城都有马尔都克纳第图。由于西帕尔城的守护神是沙马什,所以在这座城邦里,沙马什纳第图的地位要高于马尔都克纳第图。在一些家庭里，如果有女孩子成为了纳第图，则一般是年长的女孩是沙马什纳第图，而年幼的是马尔都克纳第图，从这一点上我们也可以看出沙马什纳第图的地位要高于马尔都克纳第图。

沙马什纳第图和马尔都克纳第图最根本的区别是马尔都克纳第图可以结婚，所以马尔都克纳第图不必住在修道院里。虽然马尔都克纳第图有结婚的权利，但她不可以有孩子。如果马尔都克纳第图想给丈夫一个孩子，那么她可以采用以下几种办法：收养一个孩子；可以把自己的妹妹淑吉图许给丈夫，这样淑吉图可以生养孩子；送给丈夫一个女奴隶，让女奴隶生养孩子；给丈夫物色一个拥有自由身的女人，作为他的第二位妻子。不过，无论是淑吉图、女奴隶还是第二位妻子，哪怕她们为丈夫生了孩子，她们的地位永远都不能等同于纳第图，如果她们其中有谁胆敢冒犯纳第图，则会受到相应的处罚。这点，在《汉谟拉比法典》中同样有着非常明确的规定。如法典的第145条写道："如果一个人娶了一个纳第图为妻，而她不能使丈夫得到孩子，因而他可以再娶一个淑吉图，（但）淑吉图不能与纳第图平等。"第146条的内容如下："如果一个人娶了一个纳第图，她给了丈夫一个女仆，如果这个女仆生下孩子后妄图与她的女主人平起平坐，则这个女仆将受到惩罚。不过由于她生了孩子，女主人不得把她卖掉，但会给她打上奴隶的标记，把她放在（其他）女仆之中。"

祭祀活动

神是国家的保护者，他们为统治阶级提供宗教支持，这在某种程度上满足了他们的政治需求。由于受到一个国家非一般的重视，因而国王对神的礼拜和祈祷成了一国非常正式的仪典。此外，国王除了会定期地到神庙祭拜以外，如遇临时性的突发事件，还会随时去神庙向神祷告以祈求神的保佑和支持。

据记载，尼布甲尼撒王曾向太阳神祈祷："令我子孙众多，愿我寿命长久，王位稳固，政权永存。使我常有正义和慈善之心，愿你保佑我在战场上的士兵，你可用暗示和托梦的方式答复我。"他还向马尔都克神祈祷说："你是万有的主，可以指引我走向正确的方向。我必听从你的命令，因为是你给予了我生命，是你成就了我，并赐给我统治国家的权力。"

如果国家遇到天灾人祸，人们会认为是因为得罪了神灵，从而引发神怒所致。所以，在这种时候国王会常常在神庙中向神认罪，进行虔诚的祷告以请求神的宽恕。比如，在一则写给女神伊什达尔的祷告文中，国王这样说："我做了何事？想必是因为我不敬畏你，才会遇到这样的灾祸。求你宽恕我的罪行，使我的内心得到安慰。愿我的灯熄灭，你还会使它再燃起来；我的家离散，它还可以再得以团聚。愿我的祷告直达你的面前，你会将恩典赐予我。这样，我将在人们的面前称赞你的伟大。"

在一场祈祷仪式中，人们要献给诸神可食用的祭品。人们往往通过那些盛放祭品的容器的珍贵程度来判断祈祷者对神的虔诚和热情。这些容器，有的是石制的花瓶，有的是由金子铸成的小船。除此以外，还有向供神供奉的圆柱形图章和武器之类的礼品。

古代的巴比伦，各个城市都有举行祭祀活动的节日并且制作出相应的年历，其中月份的名称也都是以当地所庆祝的宗教节日来命名。到了公元前2000年左右，尼普尔的年历被普遍接受和认可。宗教节日一般都和农业生产的周期性有关，如庆祝拴上犁头的仪式、解开犁头的仪式、收获农产品的仪式等。在宗教节日里，王后也有自己的职责，有时她要遍访属于她的领地，向诸神以及被认为具有神力的已故行政官吏敬献大麦、麦芽和其他的农产品。

在春天举行的一系列祭祀活动，实质上是人们祈求丰收的仪式。庆祝收获的祭祀活动，则是具有感恩性质的仪式。在这些仪式中，人们会用戏剧表演的形式表达出他们的情感与想法，这个任务常常由行政首脑和职位最高的女祭司来完成。他们将分别扮演两个神，通过他们的演出以象征性地表示对丰产的祈望与对丰收的感谢之情。

在巴比伦帝国的后期，新年成为了非常重要的节日。起初，庆祝新年是与播种、收获有关的农业节日，后来逐渐成为新国王加冕和授权的仪式。在巴比伦城，这个节日被人们用来庆祝神话中的马尔都克神战胜深水女神提亚马特的事迹。

一个城市或国家能否恰当而适宜地举行祭礼，在宗教看来，这决定着这个城市和国家的命运和福祉。因此，祭礼的管理和执行统统由城市的统治者和国家的君王来负责。国王被认为是具有神力的人，正是他的神力给人们带来了土地的丰产和国运的昌盛。国王作为具有神圣权力的人，会以严格的宗教仪式来维护其权威。如果他的统治权力受到威胁，国王则必须通过复杂的仪式进行斋戒洁身，以求得到神明的宽恕和护佑。

奇特的坐庙礼

在美索不达米亚，神庙对女性来说有着特殊的意义，可以说在神庙中度过的时间是她们人生中一段非同寻常的日子。

苏美尔的女性，几乎每一个人都和神庙有着或多或少的联系。如果在女神庙，女性就是神的管家；要是在男神庙，她们就可能是神的妻子。在那时的苏美尔，如果哪一位妙龄女孩被神选中做他的妻子，那将是女孩和她的家人莫大的荣幸。女孩的双亲会择定一个良辰吉日，将她打扮得漂漂亮亮的送到庙里去，新娘还会随身带去丰厚的嫁妆。

巴比伦有一种坐庙礼，就宗教习俗来说，这种仪式是非常奇异、非常惊世骇俗的。希罗多德曾记载过，居住在巴比伦中的每一位女性，一生中必有一次要到神庙中行坐庙礼。行坐庙礼的那天，巴比伦中富裕的男子，不论老少美丑，都会竞相乘坐马车来到神庙里。这些人衣着华贵,仆从如云,他们此番来这儿的目的,既是为了炫耀财富,又是为了与正在行坐庙礼的女子寻欢作乐。坐庙的女子都用花头巾裹住头部,她们坐成一排供人们观赏、挑选。一旦谁被选中,就可以离开神庙,与选中她的男子交欢。人们在选中一个姑娘时,一般要把一些银子放在她怀里,并且要说一句:"愿爱神祝福你。"不管银子是多是少,女子都不能拒绝。如果有多个男子给她银子,则按给钱的先后顺序,姑娘将被先给银子的那个人挑走。在巴比伦的宗教观念中,女子向某人献身,就是在向神献身。这是一个女子一生当中必须经过的仪式。这个仪式结束后,任何人再想同她交欢,即使给再多的钱都无法获得她的芳心。每逢举行坐庙礼的那天,女子会络绎不绝地前来参加这场仪式。

这种奇异的坐庙礼是怎么产生的呢?是一种单纯对神的奉献吗?有人说这是古代性共产意识的表现,也有人说这是未来的新郎因对流血有所忌讳而放弃新娘初夜权的举动,还有人说这种行为类似今天澳洲某些部族中盛行的试婚制。总之,尽管大家众说纷纭,但就现存的资料来说,人们还无法给出合理的解释。

第五章　城市与建筑

从某种意义上讲，可以说两河文明是由"泥土"堆砌而成的：最早的陶器是用泥制造的，最早的造型艺术品是用泥塑造的，最早的"计数器"陶筹是用泥捏制的，最早用来书写文字的泥板也是由泥做成的，人们使用的最早的建筑材料也是泥。在两河流域，人类很早就学会使用泥土，而且利用泥的历史悠久，由于泥土具有许多功能，所以人们的生活会时时刻刻都在与泥打交道。

因为没有石料和木材，当时人类的建筑主要由天然的黏土、芦苇和灌木构成。苏美尔时期，人们用一种四边有框的模子把黏土压制成形，然后放在太阳下晒干，把晒干后的黏土用来砌筑房屋台基和墙心，这种晒干的黏土叫"日晒砖"。为了防止墙体受潮变形，人们还会在日晒砖的表面贴上具有防水性能的陶砖。不过，在北部的亚述地区，因为气候湿润，砖通常都要烧干。

另外，人们还会使用到一些石灰石和更贵重的石料，因为这种物资非常稀少，只有在装饰神庙和王宫的时候才会使用它们。平常人家完全买不到这些东西，因而所有民众的房屋的建筑材料主要都是黏土。

原始文字使用时期结束的时候流行的建筑方式是，人们一般将小的长方形砖平行放置，砌成一行行水平方向的砖墙。后来，这种建筑方法慢慢被淘汰掉了，一种新的建筑方法应运而生，那就是砖块呈"平凸状"累积的方法。凸起的砖面上常常有一个手指或拇指印，它们就像书架上的书一样，一边向下放置，且每一行都与上行反方向倾斜，从而成人字形排列，这样的方法多用于铺路。后来，人们则开始大量使用近似于正方形的砖。

房屋一般都建筑在高大的土台上，这样能有效地使建筑避免潮湿和水患。早王朝时期的建筑大都是由芦苇、灌木和泥这些材料建成的平顶的小屋。门一般固定在有凹坑的石枢上，窗户开设在墙壁的高处，一般都不太大，并且有穿孔的泥格栅保护。有的房屋甚至没有窗户，只有一个面对街道的狭窄的门。在一般的房屋中，支撑室顶的柱子很少，这是因为缺少合适的木材。不过，在那些重要的建筑中，考古学家发现了由扇形砖砌成的圆柱。

在欧贝德发掘出的房屋建筑和乌尔、乌鲁克出土的一样，这些地区最早的芦苇小屋是长方形的，不过，在北部的尼尼微附近考古学家发现了一些直径达六七米的圆形小屋。亚述时期，建筑开始用石头作为建筑材料或是装饰材料。

美索不达米亚建筑物的外墙面大都是倾斜的，这使它们看起来别具一格，显得比较庄严坚固。不过，因为当时还没有办法解决屋顶支架的难题，建筑物内部的通道修建得都很狭窄。直到公元前2000年后，这个问题因为大石柱开始作为建筑材料而得以解决。

苏美尔的重要建筑都呈塔形，这种建筑是多层的，下面的一层要比上面的一层略宽，在外观上形成了梯级，四周都是阳台，柔软的砖块表面盖着瓦和较硬的砖。

美索不达米亚发明了"拱"以及由"拱"演变而来构成半圆和圆形屋顶的结构系统，在建筑学上这是一种新颖独特的结构，对建筑艺术的发展产生了长远的影响。

之后，美索不达米亚还出现了彩色的琉璃砖，它们可以用来保护和装饰墙面。这些建筑使用的材料和他们的外表造型对欧洲、北非的建筑影响很大。

古老之城——埃里都

埃里都曾经是美索不达米亚南部的一片沼泽区，在犹太教、基督教和伊斯兰教的传说中都说到人类把最初的家园——伊甸园定在这里。不过，苏美尔的史诗中描绘的却是另一种完全不同的情形。追溯到世界开创的初期，苏美尔人看到的埃里都不是像伊甸园这样的乐园，而是一座城市。

在乌尔西南部、幼发拉底河西边的一片荒凉的地带中依然保存有埃里都的遗迹，这片遗址被后人称作阿布沙赫赖因丘，因为这里已经是一个由土墩和移动沙丘构成的寂静世界。在那里，最为引人注目的建筑是一座土砖结构的苏美尔金字形神塔。不过，金字形神塔已经有了多处的坍塌，保存状况不容乐观。

1946年，在伊拉克文物局的协助下，考古学家福阿德·萨法尔和西顿·劳埃德对埃里都开始了重要的首次发掘工作。在考古发掘的过程中，有两样东西引起了他们的关注：其一是文学传说，文字的明确记载使埃里都的历史可以追溯到比苏美尔和《圣经》中的"大洪水故事"更早的时代；其二就是这座金字形神塔遗迹。人们普遍认为，埃里都曾是苏美尔人原来的神祠。

埃里都曾经位于肥沃的平原之上，是一片受到良好灌溉的地方。然而，到了近

埃里都

代，它湿润的土地在烈日的炙烤和风沙的侵袭下，渐渐变为了沙漠中贫瘠的沼泽地。伊拉克的考古队带着物资和材料来到这里时准备安营扎寨，却发现这里一片荒凉。劳埃德写道："这座顶部平平的土墩上，仅有一端还留有少量的金字形神塔遗迹，它与那些从背风面开始一直延伸到平原上的长长的流沙屏障相比显得是这么的黯淡无光。因此地的沙尘暴与暴雨交替更迭，我们对即将到来的恶劣天气不敢抱有任何美好的幻想。"

光辉之城——乌鲁克

乌鲁克也就是《圣经·旧约全书》中的埃雷克，它离欧贝德和乌尔西北部大约35英里。《吉尔伽美什》史诗曾对它大加颂扬："今天再看看乌鲁克吧，它外墙的飞檐闪耀着铜的光芒，它的内墙也可以说是'无与伦比'。噢，摸摸那古老的城门，登上乌鲁克的城头，沿着城墙走去，把露台的底座打量，把建筑物仔细端详。它由烧过的好砖砌成，难道不会固若金汤？"

德国考古学家在20世纪最初的25年里发掘了乌鲁克，对这座在许久以前巴比伦诗人笔下描绘过的城市赞叹不已，它城墙的长度超过9公里，显得气势磅礴。经过研究，他们认定那座几经重建的神庙是用来献给天空之神安的。神庙的城墙大部分保存完好，神庙的外形为早期的金字形神塔，是苏美尔建筑中最具特色的建筑形式。除此之外，发掘人员还在附近的地区发现了所谓的"白庙"，这大概也是拿来献给安的。这些建筑的建造时间可追溯到公元前4000年左右。

乌鲁克的附近还有着另外一片巨大的神庙建筑群，在那儿，也保留着一座气势雄伟的金字形神塔遗迹。数千年以

来，善男信女在这座
神庙内跪拜战争女神
伊南娜和祈求爱情。
德国人在伊南娜神庙
院落下发现了更多的
乌鲁克遗迹，他们挖
掘出与"白庙"同时

乌鲁克

代的一系列建筑物遗迹，其中有些属于宗教建筑，有些可能属
于行政建筑。一些建筑物的墙壁上首次出现了类似马赛克的华
丽彩饰，它们是将经烧制后的各色锥体黏土或是石头（这种情
况更为罕见）插入墙中，拼成几何图形。随后的考古发掘表
明，这种装饰技术在美索不达米亚南部非常普遍，但也仅出现
在公元前4000年左右的这一时期。

宗教中心——尼普尔

　　尼普尔位于南部的苏美尔和北部的阿卡德之间，它是一
个将宗教和政治进行巧妙结合的城市。尽管尼普尔从来都不是
一个王朝的首府，却由于是众神的会场而享有特殊的政治地
位。历史上任何一位意欲获得苏美尔或阿卡德的王位的统治者
若不能有效控制尼普尔并对城中的神庙进行管理和养护，他就
无法使自己的称号名正言顺。

　　一个苏美尔神话故事中这样写道：创世之初，恩利勒
把天地分开，其地点就在尼普尔，因此这座城市也被认为是
"天和地的结合点"。

　　此外，在尼普尔，考古学家还发掘出土了数千块泥板文
书，这些文书涉及的内容非常广泛，包括规章制度、自然科
学、数学、法律、医学和学校教育。美国的苏美尔学专家克

雷默教授曾对尼普尔泥板文书做过专门研究，他在自己的书中收录了部分文本内容，这其中记录了人类历史上的39个"第一"——从学校里的第一例拍马屁轶事到第一例青少年犯罪，从第一本医疗"手册"到第一次遮阳树的栽培实验……

帝国首都——乌尔

伍利的发现

在1854年的时候，英国驻巴士拉港的领事泰勒曾探查过这座土墩，并在这里发现了一座大金字形神塔的遗迹，其年代可上溯到苏美尔时期。泰勒对土墩表面进行了研究，而土墩上的铭文表明这片地域很可能就是乌尔的遗迹。

1922年，英国考古学家伍利被任命为一个联合考古队的负责人，这个考古队是由不列颠博物馆和宾夕法尼亚大学博物馆组成的。伍利和他的两位同事乘坐火车来到了位于伊拉克首都巴格达附近的一个小站。这个小站地处边远荒凉的地带，周围是茫茫荒野，距东边最近的村落有数英里。小站西面是一片由沙土平地构成的沙漠地带，沙漠中零星点缀着几座被风蚀的小圆墩。尽管环境恶劣，这几个外国人仍然兴致勃勃，他们的注意力很快就集中在了一座最高的小圆墩上。这些小圆墩表面分布着一块又一块的沥青，因此人们把它们称为沥青土墩。对伍利来说，乌尔这座倾毁的城市具有特殊的历史意义。他认为，乌尔正是《旧约全书·创世纪》中记叙的犹太人祖先亚伯拉罕的出生地——"迦勒底人的乌尔"。当年，他曾是一名神学院的学生，想子承父业做一名神职人员。现今，伍利把对乌尔的研究成果视作给《圣经》注入新鲜活力的契机。

伍利从前人的考察成果中了解到，乌尔曾是一个重要的河流港口，后来由于幼发拉底河改道这里不再是河畔城市。为确定巴比伦统治者尼布甲尼撒二世的神庙遗址的界限,他指挥人们按推测出的路线开挖出两条深沟。在其中一条深沟未挖出任何物品和遗迹后,他要求人们接着往深处挖,用他当时的原话讲,就是"立刻就能挖出许多物品"。果然如他所料,人们陆续从地层中发掘出石器、青铜工具、珠链以及用黄金、光玉髓和青金石制作的饰物,在美索不达米亚文化中,光玉髓和青金石饰物被视为个人的宗教装饰品。它们都是从别的国家进口而来的——光玉髓来自印度河河谷,青金石则出自伊朗东部。从这些发现的物品的性质和它们的布局来看,他认为这里应该是一片墓地。

  如果换成是一个处事不周的人,他可能会下令迅速开展大规模的发掘工作。然而,伍利却果断决定暂停发掘,把工人们转移到遗址的另一区域。就是这个举动给他带来了永久的声誉,他之所以做出这个决定,一部分是考虑到发掘工人的偷窃行为,因为他注意到只有在工头或其他高级职员的监督下,工人才会把发掘出的黄金物品交上来。伍利知道工人们会把贵重物品卖给当地的金匠后,便想出了一个办法来挽回这些珍贵的文物,那就是设计把已经流出的金器回收过来。

  他在周六的发薪日宣布,每个人只要发掘出一件文物就给予一笔重酬。伍利这次又没有失算,工人们听到他的宣布后十分沮丧,因为他开出的酬金是金匠所出价钱的3倍。等到了周日,伍利正在休息的时候,工人们匆匆赶到金匠那里赎回所卖的物品。第二天开工后,当工人们交来许许多多的金珠项链时,伍利感到非常满意和开心。

  偷窃问题最终得到了妥善的解决后,伍利明确表示,所雇用的工人和考古学家缺乏足够的经验是他推迟对墓地进行发掘的主要原因。他写道:"我们的目标是发现历史,而非给博物馆的箱子添满各式各样的古董。除非我们和工人都得到适当的训练,否则我们无法实现这一目标。"

  随着一件件文物的出土,伍利非常清楚需要制定出乌尔的历史年表以确定墓中物品的时期,并把它们归入适当的分类中。他指出:"这片墓地,如果藏有丰富的文物,就有必要先不动它,直到外部条件能给我们提供一个基本的年表。"

在接下来的4年里,伍利编写出了乌尔的历史大纲,它记录着时间跨度为5000年的土层情况,其起始时间为公元前5500年——当时此地居住着史前的农民,终止时间为公元前400年——这段时期,这座城市最终被遗弃。当伍利对考古队员的技术和组织纪律有了足够的信心后,他们于1926年至1927年开始了对墓地非常认真仔细的发掘工作。

乌尔王陵

1927年考古队对墓地进行发掘时,很快发现墓地内包括了两片处于不同时期且相互独立的坟场。位于地势上方的那片墓地,使用时间约为公元前2350年至公元前2150年的阿卡德时代;下面的墓地则要早几个世纪,时间可上溯到苏美尔早王朝的晚期。考古学家调查发现,较早的墓地中有两种类型的坟墓——简单的长方形墓穴以及比较复杂的穹隆顶砖石墓室。在伍利看来,后者应该就是君主和贵族的长憩之所。在那些结构简单的坟墓中,尸体摆放的姿势呈现出人们正在沉睡的样子,他们要么裹着席子,要么躺在木质、土质棺材或芦苇编筐里,里面还放着一些珠宝首饰和个人财物。送葬者会在棺材外面摆放食物和饮料作为祭品,伍利因此认为生活在乌尔的苏美尔人具有来生的观点。

不过,伍利对墓中陈设的详尽描写易使人误认为那里的一切都保存完好。事实上,大多数木制品和裹席几乎已化为尘土。"它们只剩下一层薄皮,只要手指头一碰甚至

乌尔王陵出土的凹凸不平的砖块

吹一口气都会使它们消失。"有人这么说道。伍利一共发现了1850座墓穴，伍利把希望寄托在这些较大的建筑上，因为他认为它们是王陵。不过不幸的结果是，他一次又一次地发现在这些王陵中，寻宝者已捷足先登，文物已被严重损坏，仅有几片残留下来的小金叶表明着陵墓中曾藏有丰富的陪葬品。在伍利第一季发掘工作的尾声，人们从开发的第一座王陵中挖出了一件让人为之振奋的物品———一把盗墓贼遗漏下来的精美匕首。这把匕首由镶有黄金的青金石柄、摩擦光亮的黄金刀身以及刻有褶裥模样的纯金刀鞘构成。从这把匕首制作的工艺水平来看，一位专家判断它应该出自13世纪的阿拉伯工匠之手。

到了下一季发掘工作展开时，古墓中有了更令人惊奇的发现。发掘人员在墓地中的一个区域里发现了一长串摆放整齐的尸体，它们排满了两间毗连的墓室。其中一座墓穴中放有一具女尸，印章上刻有她的名字——王后普阿比，另一座墓穴中躺着一具身份不明的男尸，学者们猜测他应该就是国王、普阿比的丈夫。墓室外面的场景非常残忍：一条通往墓室的道路简直就是一个死人坑，到处都是用来殉葬的卫兵、侍从和动物的尸体。此外，道路两旁还摆满了精美的陪葬物品。

遗憾的是，他曾经希望能在国王墓室中发现更多宝物的心愿最终还是落空了。与之前发掘的许多王陵的情况一样，这座陵墓也已经被盗墓贼洗劫一空。在墓穴中，除了国王的尸体，伍利他们没有发现其他尸体和珍宝，仅发现了一只赌盘和一个银质船模。非常有趣的是，这只船模的造型与今天在伊拉克南部沼泽地带生活的阿拉伯人所用的船只外形一模一样。

当伍利把注意力转向相邻的普阿比墓室时，他终于弄明白了盗墓贼是如何进入王陵的。从这种情形看来，普阿比王后应该比国王活得更长一些。当时掘墓人员在为她建造长方形深穴时，他们很偶然地挖通了国王的墓室。他们知道墓室内一定放有大量珍宝，于是抵挡不住财富诱惑的他们偷偷潜入国王的陵墓中，几乎把墓中物品洗劫一空。事后为隐瞒这一行径，他们用一只在当时可能装有王后衣物的木箱遮盖住了行窃的洞口。

发掘人员发现王后普阿比被安葬在死人坑下面的一个墓穴内，与她丈夫的陵墓相邻。她双手交叉躺在木棺材里，一头一尾各有一位"照料"她死后生活的侍女。专家在她墓室上方发现的一枚青金石印章，上刻着她的名字"普阿比"和头衔"宁"（意为王后），这证明了她尊贵的身份。

王后的头饰和首饰与两座王陵中其他女性所戴的饰物风格基本一致，只是在总体上显得更为华丽些。她身披一件由贵重金属和珠宝装饰而成的斗篷。尽管串联珠子的线已经腐烂，但是人们还是能够从她颈部延伸到腰部的珠子的摆放位置看出当时的样子。墓中其他的个人饰物还包括巨大的金耳环、纯金的梳子、青金石和金质的发卡、动物形状的护身符及10个金指环。头饰是她最华贵的饰品，它由一圈一圈的金带构成，带子上饰有金环和金叶子，这些物品使头饰成为了一个三层的饰环。有趣的是，由于这套头饰太大，以至于必须把它戴在假发上。

亚述首都——尼尼微

博塔的发掘

1842年，一个名叫博塔的法国人被任命为美索不达米亚摩苏尔城的代理领事。博塔先生是个博物学者，曾经在法国驻埃及的领事任职。他去那儿任职，只是为了更有利于开展自己的科学研究。他还曾在也门和叙利亚的某些地区生活过，那里的气候环境非常恶劣。博塔精力旺盛而且非常注重实践，虽然他到达摩苏尔城时已经37岁了，但此时此刻他的脑子里还充满了许多的想法和希望。

》神奇的 巴比伦…

博塔是一位著名历史学家的侄子，由于从小受到影响，他对历史也有着强烈的兴趣。早在他去摩苏尔城任职之前，他就已经认定美索不达米亚的土岗里一定埋藏着一些有价值的东西。他并不是专业的考古学家，在这一点上他自己

尼尼微

也是很清楚的。但他觉得，只要是为了实现心中的愿望和理想，他愿意一试，并且他还是拥有一定的基础的。他不惧怕当地的恶劣气候，并且他很快地学会了当地的语言，而且完全懂得如何使自己适应当地的习俗。

抱着坚定的信心和强烈的兴趣，在科学思维的指导下，博塔首先准备着手做的事情便是对摩苏尔城周围所有的地区进行一番调查。他挨家挨户地走访当地的居民，问他们家是否保留着一些年代古老的东西。如果谁能拿出一些古物，他便会当即买下，并且努力地去追踪它的来源。他所做的这一切，都是为了能选择一个准确的地点进行考古发掘。虽然这个想法不错，但要在事实上得到实现也不是易事。在没有找到合适的地点的情况下，他最后不得不任意选择一个土岗开始自己的工程。

他从摩苏尔城正面对着的库云吉克开始，就这样，他兴致勃勃地开始挖起来。但就这样进行了整整一年后，博塔所得到的也只不过是一点有着雕刻的砖头和一些雕塑的碎片。这大大打击了他之前的热情，他开始对自己的想法产生了怀疑，难道是自己的思路完全错了？当博塔每日为此事犯愁的时候，有一天，正当他无精打采地在现场查看挖掘工作的进展时，一个阿拉伯人走到他面前。他不是当地人，只是碰巧从邻村而来路过此地。他很好奇，想看看这里在干什么。他恭恭敬敬地问了博塔一些问题："这位法国先生是不是在找有雕纹的砖头？为

第五章 城市与建筑 115

什么在这么一块不会有回报的地方挖掘?"他向博塔说道,在他住的赫尔沙巴德村里面这样的砖头要多少有多少。只要这位法国先生需要,他都可以为他弄来。他向博塔介绍自己是个染匠,他家的灶台就是用这样的砖头砌起来的。博塔没有把他的话当回事,他没有理睬这个阿拉伯人。在此之前,他已经遇到过好几次这样的事了。他觉得,哪怕是再好的阿拉伯人也不会对外国人说真话。甚至当这个染匠从村里拿来两块附有雕纹的砖头时,他仍然不肯相信这个染匠。虽然博塔当面拒绝了染匠的好意,但他所说的那些话却在他脑中反复闪现着。过了一些时候,由于库云吉克的发掘工作仍没有取得实质性的进展,博塔的信心开始动摇了。于是,无奈之下,他决定派出几个人去赫尔沙巴德那边查看一下情况。

不到一个礼拜,那边就回来了一个人,他急匆匆地向博塔汇报说,他们已经在赫尔沙巴德挖出了两堵平行的墙,这些墙上布满了铭文和雕刻。博塔听着发了呆,因为这实在令人难以置信。虽然已经失望了很久,但这位固执的学者是不会轻易改变自己看法的。但他还是控制不了自己内心的兴奋和好奇,立刻动身赶到了发掘现场。当他走进地下的深沟时,眼前的景象把他惊呆了。

眼前出现的这一切,正是他很久以来一直魂牵梦索的东西。但这些墙上的雕刻到底代表的是什么?这些挖出的物品到底是什么?雕刻在墙上的那些人物,对他而言完全是陌生的,他以前从没见到过人们这样的着装、使用的武器和器物。这是他从来没读到过的一段历史。在他面前,有一条能连接到这个古老民族的线索——那些写在雕刻之间的楔形文字。博塔不懂上面说的是什么,但凭他的直觉,他知道它们的存在就足以代表重大的意义。

博塔一边做着各种猜想,一边在工人中间坐下开始认真地把最主要的残片和铭文都描绘记录下来。由于他当时还担任着领事一职,这只能允许他抽出一天的时间留守在这里。经过一番斟酌，博塔毅然决然地下令就从此地开始新的一轮发掘工作。立刻，还在原地留守的所有的工人都被调到新的工地，大家重新振奋精神开始工作起来。

一堵接着一堵的泥墙出土了，赫尔沙巴德保留的文物数量非常丰富。一座座昔日被断砖残瓦填满的房屋好像正接连不断地从土岗中重新来到世人的面前。那些雕刻上的内容，如其中袭击堡垒的景象、斩首的记录、被押送或被残酷钉死的俘虏、不可一世的征服者等，都使博塔确信，他最高的理想就要实现了，因为他挖出了一座亚述国王的宫殿。但他向国内写信时，仍然表现得小心谨慎，他在信中说道："我觉得，有一定理由可以认为这些雕刻是尼尼微兴盛时期的产物"，"如果事实的确如此，那么我就是第一个发现它们的人"。

他其实已经想到，即使这样，他所写的事情也将在国内引起关注。但出乎意料的是，他没有想到竟会如此轰动，法国人支持这项发掘工作的热情程度近乎到了狂热的状态，他们宣称，这件伟大的工程理应得到一切支援，政府必须立即筹款帮助博塔以维持他的工作。同时，国内的专家认为还必须派出一位画家，把一切不能带回法国的东西都描绘下来。

正当博塔等待着国内援助到来的时候，他却发现自己这边的情况已在不知不觉中陷在重重困难之中。那些费尽气力挖掘出来的墙面上的雕刻在出土之后就开始风化坍塌。之前，他们会用木头支撑住这些墙体，但只要他的人转身离开，住在土岗上的村民立马就会把木头偷走。慢慢地，摩苏尔城的帕夏也变得不友好起来，因为他认为博塔他们一定是在偷盗宝藏，于是想尽一切办法阻碍他们的工作。帕夏不是派人把工人抓进监狱拷打逼供，就是派人盯梢博塔的工人们，一旦有文物出土他们就会将这些宝物蛮横地抢走。他甚至向君士坦丁堡写信，说博塔在土岗上挖沟是为了建筑堡垒。尽管如此，帕夏的这些阴谋都没有奏效，但他仍很固执地想方设法来为难博塔。表面上，他允许博塔他们继续进行挖掘，但暗中却又禁止村民把房子卖给博塔。在这样不利的情况之下，博塔仍然坚持着挖掘遗址、抢救文物和描摹雕刻内容等工作。

在进行了3年的挖掘工作之后，博塔把在杜尔—沙鲁金发现的一部分浮雕运回了法国勒阿弗尔，法国人当时的激动心情是现在的我们难以理解的。在当时的欧洲，还没有一个人能见到这样珍贵的物品。到1842年为止，法国的博物馆仅用一只不大的箱子便可以收藏下代表尼尼微和巴比伦历史的文物。现在却一下子涌现出这个民族如此之多的真迹，这里有他们的相貌，有他们昔日残暴成性的写照，有他们如何围攻城市、攀登城墙、进行战斗、运走俘虏和掠夺财物的场景。人们一连几小时地凝视着这些雕刻，与其说他们是被高超的雕刻技艺所吸引，不如说是被兴奋的心情所驱使。因为许多世纪以来，亚述，这个神秘又伟大的名字总是与残酷和武力相连，意味着一个叱咤风云的强国形象。

这些浮雕和雕刻在法国受到了人们热烈的欢迎，各地的艺术家、作家、史学家兴高采烈地从四处赶来，只为能亲眼看到这些曾经令自己痴迷不已、穷尽一生去追求的文明珍宝。他们再也用不着靠自己凭空想象了，因为这里明确记载了许多当年亚述人生活中的真实情形，他们在政治、经济、军事和艺术等诸多方面的情况后人都可以从这些雕塑中获知。并且最让人感到振奋的是，所有这一切还仅仅是一个开始，博塔的贡献在于给世人打开了一扇通往历史的大门，大门后面的秘密将吸引着其他人继续投身到这一领域中，为人类文明的传承和发扬尽到自己的一份力量。

古城尼尼微

尼尼微是伊拉克著名的古城遗址，它位于底格里斯河东岸的上游地带，与摩苏尔隔河相望。尼尼微的名字最早出现于《圣经》之中，其规模主要由库云吉克和奈比尤奴斯这两部分组成。在19世纪中叶，英国考古学家莱亚德首次发现了尼尼微，此后英国考古队曾先后组织了多次发掘工作。到了20世纪50年代，伊拉克政府开始派遣考古队前往此地，考古学家修复了部分城墙、城门和王宫。在他们的辛勤劳动下，尼尼微城遗址在世人面前初步展现出它的原貌，同时，它也成为了西亚重要的历史名胜之一。

尼尼微作为亚述的一个都城，曾得到了沙希姆亚达德一世的重视，后来经过历代帝王的维护和扩建，尼尼微逐渐发展成为亚述帝国的政治、经济中心，并且还是西亚地区商旅云集的大型贸易市场。在尼尼微被定为亚述帝国首都后，国王在这里大规模兴建神庙和王宫，这座都城曾经盛极一时。当亚述被新巴比伦和米底人联军攻击后，尼尼微绝大部分地区被敌军捣毁，繁荣热闹的都城渐渐化为废墟，从此在历史上消失了踪迹。

尼尼微四周都筑有城墙，共有15个城门。它被发掘出来后，人们根据历史资料的记载重建了北墙的冥王之门、月亮女神之门、富饶神之门；西墙的运水人之门；东墙的太阳神之门等。在冥王之门的旁边建立了亚述博物馆，其中陈列了许多历史文物和展示着年代图表，向人们反映着近4000年前亚述帝国的兴盛与衰落。

在库云吉克，考古学家发掘出了森纳谢里卜国王的宫殿。王宫门前蹲守着两尊带翼公牛的石像，它们犹如两个忠诚威武的卫士。大门和门厅等地方装饰有大理石浮雕，上面描绘了亚述人在征战、狩猎、宴饮以及劳动时的画面。这些场景中的人物造型生动、逼真，让人不禁想到当年那些热闹的场景。

在库云吉克还出土了亚述巴尼拔国王时期的图书馆和王宫。图书馆内保存着大量的楔形文字泥板，这些泥板上的内容涵盖了宗教、文学、科学、历史和法令等诸多方面。宫殿和宫墙上刻有一些浮雕。

在奈比尤奴斯古丘上，保留有先知约拿的清真寺，传说这里曾是约拿逝后的埋葬之地，寺内还保存着约拿使用过的卧室用具。由于约拿葬身在此，每年都有数以万计的穆斯林来到奈比尤奴斯朝拜。此外，这里还有着非常复杂的引水灌溉系统，这也令人感到惊叹不已。

巴比伦城

约在公元前19世纪初，阿摩利人在两河流域中部地区建立了以巴比伦城为中心的古巴比伦王国。巴比伦在古代闪族语中是"神之门"的意思。巴比伦城处于平原地区，水源充足，土地肥沃，拥有着大片的灌溉农业区，是当时的农业中心和交通枢纽。早在公元前2000多年，此处就已是拥有数十几万人口的大型城市。

巴比伦的建筑特点概括说来，一是在建时就地取材，二是防风抗热。因为此地的千里之内都无石可取，在当时的科技条件下，人们只能以泥砖为建筑材料。由于泥砖本身的特性，巴比伦城的坚固程度必然没有古埃及的巨石建筑强。

巴比伦城

巴比伦人创造了用土坯和砖砌筑拱券的方法，这对于建筑学的发展是一个不小的贡献。以往的建筑，人们只能在门上放置一块巨石或其他的东西，这样的建筑物无疑会显得很呆板无趣。拱券的诞生，给了艺术家们更多的空间来施展才华，他们可以在拱券、门廊上自如地创作，给建筑注入美感和生命力。

运用彩色玻璃砖作为装饰材料

是巴比伦人在建筑方面上做出的另一大贡献。这种新颖的装修方式完全走出了巨石建筑文化的影响，开创了建筑物精细装饰风格的先河。这种技术，被后来的拜占廷建筑和伊斯兰建筑广泛借鉴，直到今天，那里的人们仍在使用这种彩色玻璃砖。

公元前539年，波斯人占领了巴比伦城。到亚历山大大帝时期，巴比伦城再一次沦为战场。经过多次战争的摧残，这座曾经有着高度文明的发达城市已经变得满目疮痍，民生凋敝。到了塞琉西王朝的统治时期，巴比伦城四周开始沙漠化，城市居民迫于活计逐渐弃城离去。最终，滚滚而来的黄沙完全掩埋掉了昔日繁华喧闹的巴比伦城。

科尔德维的发现

德国考古学家科尔德维在1898年1月被政府任命负责古巴比伦的考古发掘工作，在接到这个任命通知前，他正在几座土丘的残基碎石间进行勘探。他从巴格达向位于柏林的皇家博物馆负责人寄去了一份关于巴比伦的研究报告，其中他这样写道："那里（指卡色尔）一定可以挖出自尼布甲尼撒时期以来的古物。"这会不会是科尔德维的妄想呢？幸运的是，在科尔德维抵达卡色尔不久之后，人们发掘出了大量的文物，这充分证实了他的之前的观点是正确的。

他在1899年4月5日写信时写道："我的挖掘工作已经进行了14天，我们取得了很大的成绩。"从一开始，他的工作人员就挖到了巴比伦城巨大的城墙，沿着墙还发现了无数的浮雕残片：它们有的是狮子的牙齿、尾巴、脚爪和眼睛的浮雕残片；有些是人的脚、胡须和眼睛的浮雕残片；等等。在一段长度为7.8米的墙边，人们就发现了将近1000块残片。科尔德维还在上面的信中写道："我估计可以找到3万7千块这样的残片。"

虽然从一开始就收获不小，但是之后的挖掘工作却充满了困难和艰辛。科尔德维雇佣了200个工人，他们在那里工作了足足15年。

在这期间,科尔德维先挖出了一面普通的砖墙。接着在这面墙外又挖掘出一堵厚7.8米的砖墙,这道墙壁之外还有一道砖墙,厚3.6米。经过人们的研究,他们认为这是护城壕内侧的壕壁,护城壕的作用是在危急时刻灌水御敌。当两堵墙之间的空地被泥土填满时,土的高度达到外层的边缘,这样护城壕就成为一条可供四匹马齐头并进的马道。城墙上每隔48米就有塔楼一座,这表明这里曾经是有将士把守的。科尔德维估计,内墙上共有塔楼360座,外墙依据历史资料的记载大约有250座。

科尔德维的成就,在于他的这些发现证实了历史学家希罗多德关于巴比伦城墙的描述并非夸夸其谈,而是确有其事。他和他的手下发掘出土的这座城堡的规模在全世界范围内都是令人叹为观止的。从这些城墙的长度、厚度、层次布局情况来看,巴比伦城都是中东城市中规模最大的,其规模甚至超过了尼尼微。

随着科尔德维发掘工作的进一步展开,尼布甲尼撒的巴比伦城的面貌慢慢展现在了人们的面前。从这些遗址中,人们看到了尼布甲尼撒为塑造这座城市所做出的贡献。这位被称为"有着黄金一般的头脑"的尼布甲尼撒,当时在巴比伦城进行了大规模的建设。他修复了沿河的护墙,建起幼发拉底河上的第一座石桥,开凿了利比尔——希加拉运河,并用美丽的釉彩动物浮雕装饰了伊什达尔门。

在史料里,尼布甲尼撒曾写道:"我下令从东面开始筑一道坚固的城墙护住巴比伦,用沥青和泥砖砌筑在一起来巩固河岸。开凿护城壕,壕边砌出像大山一样高的护墙。宽大的城门由松木制成,外加铜叶包裹。我命人趁海水涨潮时用海水将壕内灌满,这样壕沟内就像大海一样,这样来袭之敌就无法轻易进攻巴比伦。为防止敌人越过壕沟,我命人在壕沟附近堆起土堆,并在周围建起城墙。我想方设法把城池建造得极为坚固，使巴比伦成为一座无法攻破的堡垒。"

在尼布甲尼撒之前，人们使用的建筑材料是日晒砖坯，由这种材料建成的建筑很快就会被风雨侵蚀掉。尼布甲尼撒时期，人们开始运用经过烧制的砖块。因此，在他之前的那些美索不达米亚古建筑差不多都已被销蚀殆尽，剩下的也只是一些废土。这些经过改良的砖块，比只是通过日晒而成的泥砖坚硬很多，并且能保存更长的时间。不过，即使是这样，他身后留下的建筑却遭到了同样的命运。这又是怎么回事呢？这是因为多少世纪以来，为了修盖自家房屋，当地的居民不断从古建筑遗址中偷拆出砖块，就像中世纪的教皇为修建宫殿而拆毁古代罗马异教的庙宇一样。现在西勒城和附近的几座村落的房屋都是用尼布甲尼撒时期的砖块建起来的，在这些砖块上还看得到清楚的尼布甲尼撒的印戳。

深沟高垒的巴比伦城，在当时是很难攻破的。然而，历史似乎跟尼布甲尼撒开了一个大大的玩笑，巴比伦城最终还是没有逃过被摧毁的厄运，只不过这个敌人不是来自外界，而是他们王朝内部的本身出现了问题，敌人才能有机可乘。当时的巴比伦经常受到来自各方的敌人的威胁，但是内政的混乱却是导致其走向灭亡的根本原因。

古巴比伦城

古巴比伦城城垣雄伟、宫殿壮丽，幼发拉底河自北向南纵贯全城。城内的主要建筑物有埃萨吉纳大庙及附属的埃特梅兰基塔庙。塔庙高达91米，基座边长为914米，上有7层，每层都有不同色彩的釉砖，塔顶有一座由釉砖砌成的用来供奉马尔都克神金像的神庙。据说，这就是在《圣经》中记载过的耶和华使人们的语言分成不同的种类后，致使人们无法相互沟通而未能成功造出的通天塔。城内代表着古建筑精华之一的"伊什达尔门"，高12米、宽20米，门墙上镶嵌着栩栩如生的釉彩动物图案，还有引人注目的人与狮子搏斗的石刻雕像。巴比伦城曾经是两河流域的一颗璀璨明珠，它依傍幼发拉底河，河水从城中潺潺流过，既为城市提供了水源，又使城市变得更为灵动，同时还为城市提供了一道天然的保护屏障。

整个城市被一条长约18公里、高约3米的城墙围绕着。城墙上每隔48米就有一个塔楼，整个内城的塔楼共有360座。同时，城墙还分为内外两重。外城墙又分为三层，最厚的一层达7.8米，最薄的也有3.3米，上面建有体积较小的战垛以利于士兵躲避敌方的箭。内城墙分为内外两道围墙，其中挖有壕沟，堆着土围。沿着内城墙的外侧有一条护城河，河面宽窄不一。巴比伦城有100扇铜制的城门，希腊大诗人荷马因此又把巴比伦城称为"百门之都"。

幼发拉底河穿城而过，把整个城区分成两大部分。河西为新城，河东为旧城，新旧两城由架在河上的一座大桥连通着，它由五根大石墩支撑着。在巴比伦城众多城门之中，最有名的是城市的北门——伊什达尔门。这座城门是由两个外形与规模完全一样的门并联而成，每道门都有着4个望楼，望楼和望楼之间由拱形过道相连。门墙和塔楼上都镶嵌着蓝青色的琉璃砖，砖上还饰有野牛与龙等兽类的浮雕。

在古代，整座伊什达尔门看起来非常雄伟、端庄，色彩绚烂夺目，给人一种坚不可摧的印象。目前，伊拉克政府已在巴比伦遗址的入口处按照历史原型重建了伊什达尔门。每当游人驻足于门前时，都会为它精美而大气的外形所折服。

进入伊什达尔门后，映入眼帘的是一条由南向北延伸着的中央大道。它如一条中轴线将两旁星罗棋布的建筑依次联结起来，形成一种对称的格局。

尼布甲尼撒的王宫就在这条大道的西边，被人们称为"世界七大奇迹"之一的"空中花园"，分布在南宫的东北角。

尼布甲尼撒二世在巴比伦城的内城墙和外城墙分别各建有一座王宫，它们被称为北宫苑和南宫苑，其中南宫苑最为著名。整个南宫苑中建有五大院落，其间，各种形式的建筑物层层叠叠地交织在一起，错落有致。第三重院落就是尼布甲尼撒二世的正殿，王座安放在大殿正中紧邻南墙的位置。在南宫苑的一侧就是闻名遐迩的"空中花园"。

整个巴比伦城中的神庙、王宫、城墙和富贵人家都是用上了釉的彩色砖块修成。它们色彩缤纷，显得十分的耀眼夺目。整座巴比伦城屹立在土黄色的两河平原上，在这强烈的色彩对比下，显得尤其壮观华丽。难怪历史学家希罗多德由衷地赞叹："就其壮丽而言，它是其他任何城市都难以比拟的。"

空中花园

被列为古代"世界七大奇迹"之一的古巴比伦空中花园，亦称"悬苑"，它位于幼发拉底河的东岸，距伊拉克的首都巴格达约90公里。新巴比伦国王尼布甲尼撒二世曾以热衷于兴建气势宏伟的城市和宫殿建筑闻名于世，正是他在位的时候主持修建了这座园林。

19世纪末，德国考古学家科尔德维发现了巴比伦城的遗址。他们在发掘南宫苑时，在东北角挖掘出一个不寻常的、半地下的、近似长方形的建筑物，面积约有1260平方米。这个建筑物由两排小屋组成，每个小屋平均只有6.6平方米。两排小屋由一走廊分开，对称布局，四周被一道高大而宽厚的围墙环绕。在西边那排的一间小屋中，人们发现了一口设有三个水槽的水井，一个呈正方形，两个是椭圆形的。根据考古学家的分析，这间小屋可能是原来的水房，那些水槽则是用来安装抽水机的。考古学家由此推断这个地方很可能就是传说中的空中花园遗址。当年巴比伦人把泥土铺垫在这些小屋坚固的拱顶上，然后层层加高，在上面栽种花木。而且，考古学家也的确在遗址里发现了曾经大量种植花木的痕迹。至于灌溉用水，

解密 文明古国

空中花园

则是依靠地下小屋中的抽水机源源不断供应上来。考古学家经过考证，发现那时的抽水机的工作原理和我们现在使用的链泵基本相同。几个水桶被系在一条链带上，链带与放在墙上的一个轮子相连，轮子开始转动，水桶就跟着移动，提水和倒水的整个过程将在这条链带上完成。之后，倒出的水将通过水槽流到花园中的每个角落。现在，这种抽水机仍在两河流域被人们广泛使用着。

不过直到目前为止，在所发现的巴比伦楔形文字泥板文书中，仍没有找到关于空中花园确切的文献资料。因此，考古学家的这些推论是否成立，仍需等待后人的进一步研究与调查。

空中花园的由来

对于为什么要建造这样一个结构奇特的花园，从古代开始就已经有了两种不同的传说。

一种传说产生于公元前1世纪中叶，西西里岛的希腊历史学家狄奥多罗斯对此有过记载。在他的长达四十卷的《历史丛书》中说到这是亚述女王塞米拉米丝为供自己玩乐所建造的花园。空中花园或许真的存在过，但塞米拉米丝却实无其人，因为她只是希腊传说中的亚述女王。

另一种传说来自于巴比伦祭司与历史学家贝罗索斯所写的一部关于巴比伦历史和文化的著作，他在这本书中向希腊人介绍了巴比伦的来源。贝罗索斯说，在尼布甲尼撒担任巴比伦王时，曾经迎娶过一位来自北方国家米底的公主为妃。由于米底是一个多山的国家，那里山林茂密，花草丛生。从小在这种环境中长大的王妃，对于巴比伦长年无雨的气候非常不适应，因而对自己故乡美丽的景色一直念念不忘。尼布甲尼撒王为了取悦自己心爱的王妃，决定不惜花耗巨资与人力在巴比伦内建造一座人工花园，而且他向属下嘱咐道：这座花园必须比米底的任何一座花园都要漂亮和奇特。

空中花园之谜

空中花园的外形是一个呈四角锥体的建筑，它的每一层平台就是一个花园。拱顶石柱支撑着这些平台，每一级台阶上都铺有石板、芦草、沥青、砖以及铅板等材料，这么做是为了防止上层中的水分往下渗漏。同时，铺在平台上的土层厚实得足以使大树扎根。因此，空中花园从远处看就仿佛是一座小山丘。

花园建成后，人们还要在花园的最上面建造大型水槽，只有这样才能保证随时供给植物足够的水分。有时候，人们也不得不用喷水器制造出人造雨。在花园中的低洼地带还建有许多房间，从这些房屋的窗户往外看，可以观赏到成串滴落的水珠形成的帘。这种设计，使得身处园中的人们哪怕是在炎炎盛夏也能感受到凉爽而湿润的空气。在长年干旱的气候下，巴比伦只能生长出若干耐旱耐盐的灌木丛，而空中花园的出现就好似在沙漠地带中出现了一片令人惊叹的绿洲。

一位负责记录这个奇观的人在他的文章中说："那是尼布甲尼撒的御花园，它离地极高，积土高过头顶，高大树木的悬根由喷泉洒出的水来浇溉。"有资料显示："园中种满了树木，无异于一个山中之国，其中某些部分被植物层层叠叠包裹住，有如剧院一样。一种会长出密集枝叶的扶疏树，它们几乎树树相触，形成一片天然的遮荫林。泉水被高高地喷出来，充沛的水气滋润着土壤中的每一株植物，并且使空气永远保持湿润。"

对花园最详尽的记述多出自希罗多德等一些希腊历史学家的笔下，令人诧异的是，反而在巴比伦有关自身的历史记录中对此事只字未提。尽管在尼布甲尼撒时期存留下的各种泥板文书上发现了关于巴比伦城、他的宫殿以及巴比伦城墙的种种描述，但这些内容中没有一处提到过空中花园。并且让人开始质疑的是，那些对空中花园进行过详细描述的历史学家们，自己也从没有亲眼看到过空中花园。

现代历史学家中的一方争论说："当亚历山大的士兵们到达富饶的美索不达米亚地区并看到了巴比伦时，他们被眼前的美景深深地震撼了。后来，等到他们准备回到家乡时，带走了美索不达米亚的那令人惊叹的花园和椰子树，以及有关尼布甲尼撒的宫殿和有关巴别塔、金字形神塔的各种传说与故事。"

难道空中花园只是古希腊诗人和历史学家幻想的产物吗？难道它根本就没有存在过？如果它是真实的，为什么考古学家至今都未能找到空中花园的遗迹。而且事实上，有不少在自己著作中提到空中花园的前人，他们也只是从别人口中听说此事，而自己并没有真的见到。那么，留给后人的疑问是空中花园难道真的只是个传说？

也有人说，空中花园是存在的，但不是像人们所说的那样是悬于空中的。"空中花园"这个名字出自对希腊语paradeisos一字的意译。而paradeisos一字直译过来的话，意思就是"梯形高台"，所谓空中花园，实际上就是建筑在"梯形高台"上的花园。希腊文paradeisos（空中花园）后来逐渐转化成英文paradise（天堂）。巴比伦的空中花园其实从来都不是悬吊于空中的，这个名字的由来纯粹是因为把原本有"悬吊"和"突出"之意的希腊文kremastos及拉丁文pensilis翻译错误所导致的人们对此产生的误解。

直到20世纪，围绕着空中花园的一系列谜团，各方专家仍在努力地探索着。但在得到关于花园准确的地理位置，分析出其灌溉系统的运作原理等诸多方面之前，考古学家们仍在尽力地收集着相关证据。

》神奇的 巴比伦…

巴别塔之谜

《创世记》第11章节选：

1. 那时，天下人的口音、言语，都是一样的。

2. 他们往东边迁移的时候，在示拿地遇见一片平原，于是就住在了那里。

3. 他们彼此商量说："来吧！我们要做砖，把砖烧透了。"他们就拿砖当石头，又拿石漆当灰泥。

4. 他们说："来吧！我们要建造一座城和一座塔，塔顶通天。"

5. 耶和华降临，要看看世人所建造的城和塔。

6. 耶和华说："看哪！他们成为一样的子民，都说一样的言语。如今他们既然能做成这件事，以后他们所认准的事，就没有成不了的。

7. 耶和华说："我们去到那里，把他们的口音打乱，使他们的言语彼此不通，无法交流。"

8. 于是，耶和华使人们从那里分散到各地，他们就此停工，再也不修建城池和高塔了。

9. 因为耶和华在那里打乱了天下人的语言，使众人分散在各地，所以那座城市被命名为"巴别"（即"打乱"的意思）。

《圣经·旧约·创世记》第11章宣称，人类祖先在最早的时期讲的是同一种语言，后来人类联合起来，希望修建一座能通往天堂的高塔。然而，上帝认为人类的这个举动是因为他们的虚荣心在作祟，因此感到非常气愤。为了阻止人类的计划，他便使人类原本相同的语言变得混乱，让人们之间无法沟通，因而最终使人类的目的没有达成，人们只能各奔东西以谋求生路。

在犹太人的《圣经》中有这样的一段记载：大洪水过后，

第五章 城市与建筑 129

巴别塔

天下人都讲一样的语言，都有一样的口音。诺亚的子孙越来越多，于是他们开始向东迁移。在示拿地（古巴比伦附近），他们遇见了一片肥沃的平原，于是定居了下来。由于平原上可用来当作建筑材料的石头很少，他们彼此商量说："来吧，我们要自己做砖，把这些砖烧透了。"于是他们拿砖当石头，又拿石漆当灰泥。后来，他们又说："来吧，我们要建造一座城和一座塔，塔的顶端可以通天。"

由于大家语言相通，他们可以齐心协力做很多事情。建成后的巴比伦城美丽而繁华，高塔也初具模型。没想到此举惊动了上帝！他看到人们如此团结一致，心想：如果人类真能修成宏伟的通天塔，那以后还有什么事干不成呢？上帝因为人类的虚荣和傲慢而勃然大怒，他不能容忍人类无礼地冒犯他的尊严和权威。为了惩罚这些狂妄之徒，他得想个办法来阻止他们的行动。于是，上帝悄悄地离开天国来到人间，把人类的语言分成了许多种类，使他们因为语言不通而无法交流，最终不得不分散在各处。于是，通天塔的修建计划也半途而废了。

人类所说的共同语言被称为亚当语，历史上曾有学者提出某种语言可能就是人类共同说过的原始语言，例如希伯来语、巴斯克语等。巴别塔中途停建的典故，在宗教中有着一种象征意义，这意味着人类狂妄自大的最终结果只会是面临失败和徒劳。

在希伯来语中，"巴别"有"打乱"的意思。也有人将"打乱"一词称为"巴比伦"，于是把那座城叫做"巴比伦城"，称那座塔为"巴比伦塔"。在巴比伦语中，"巴别"或"巴比伦"都是"神之门"的意思。同一个词（巴别）在两种语言里竟会有着两种完全不同的意思，这着实令人感到费解。其实，会产生这种情况是有历史原因的。新巴比伦国王尼布甲尼撒二世灭掉犹太国后，他不仅拆毁了犹太人的圣城耶路撒冷，焚毁了大大小小的神庙，还将国王连同近万名臣民掳掠到巴比伦，只留下少数一部分最穷的人守在耶路撒冷，这就是历史上著名的"巴比伦之囚"的典故。多半犹太人在巴比伦沦为奴隶，为尼布甲尼撒辛苦地修建巴比伦城。直到过了70多年后，波斯帝王居鲁士的到来才把他们从悲惨的境遇中拯救出来。身为亡国奴时所积累的刻骨铭心的仇恨使犹太人久久不能释怀，虽然他们已无力回天，却可以凭借自己的精神力量延续自己的愤怒。巴比伦人的"神之门"在犹太人眼里充满了罪恶，犹太人因而诅咒道："沙漠里的野兽和岛上的猛禽将住在那里，猫头鹰要住在那里，它将永远无人居住，世世代代无人居住。"正是因为犹太文化的影响，"巴别"一词才会有着两种截然不同的意义。

其实在历史上，巴别塔早在尼布甲尼撒及他的父亲之前就已存在，多位古巴比伦国王都曾对它进行过修理与维护。但是不幸的是，巴别塔屡屡遭到外来征服者的侵袭和破坏。当尼布甲尼撒之父建立起新巴比伦王国后，他开始着手重建这座通天塔。他在铭文中写道："巴比伦塔年久失修，因此马尔都克命我将其重建。他要我把它的塔基牢固地建在地界的胸膛上，它的尖顶要直插云霄。"不过，尼布甲尼撒之父修建的通天塔只有15米高，之后继位的尼布甲尼撒则对外宣称要"加高塔身，与天齐肩"。之后的巴别塔中的绝大部分和塔顶的马尔都克神庙是在尼布甲尼撒统治时期修建的。而备受后人称赞的巴别塔，一般指的就是那波博来萨父子修建的那一座。

巴别塔的用途

通天塔的规模十分宏大。根据希腊历史学家希罗多德在他书中的记载，通天塔由8层楼层组成，在外形上如一个巨大的高台，愈往上每一层就愈小，最上面的高台上建有马尔都克神庙。墙的外沿建有呈螺旋状的阶梯，人们可以绕塔而上，直达塔顶，在塔梯的中间段附近还设有座位，以供歇息之用。塔基边长约为90米，塔身约高90米。据19世纪末的考古学家科尔德维对其进行的实际测量和推算，巴别塔塔基边长约为96米，塔和庙的总高度也是约为96米，两者在长度上相差无几。巴别塔是当时巴比伦城内最高的建筑，在城中的任何地方都能看到塔身，从远处望去，它犹如直插在云霄之中，因此人们还称它为"通天塔"。也有人认为它是天上诸神前往凡间住所时中途的歇脚处，是天路上的"驿站"或"旅店"。

将塔修建得如此高大，真的是如《圣经》中所言，要让失散四方的人们有一个集中居住的地方吗？答案显然不是这样的。人们普遍认为，巴别塔是一座宗教建筑。在巴比伦人看来，巴比伦君王的王位是马尔都克授予的，僧侣是马尔都克的仆人。国家和人民需要他的庇护，为了保障国家和城市的长治久安，人们用很多方法取悦他以换取他的恩赐，巴比伦人还将巴别塔作为礼物敬献给了他。人们每年都会定期在巴别塔中举行大规模的庆典活动，全国各地的信徒成群结队地赶来朝拜。根据希罗多德的记载，高塔的上下端各有一座马尔都克神庙，它们分别称为上庙和下庙。下庙中供有神像。上庙位于高塔顶端，庙中没有神像但装修得金碧辉煌，整个庙宇由深蓝色的琉璃砖制成。

巴比伦人按照世俗生活的模式侍奉他们尊敬的神灵。上庙的大殿内只摆有一张大床，床上铺设得十分豪华，床边有一张金饰的桌子。庙里只住着一位被专门挑选出来陪马尔都克寻欢作乐的年轻貌美的女子。人们相信，大神会不时地来到庙中并在这张床上休息。在当时，只有国王和僧侣才有资格进入神殿为马尔都克提供服务和聆听他的教诲。老百姓同这些无比神圣的事物是无缘的，他们只能在远远的地方虔诚地敬拜心目中的神灵。

据希罗多德记载，塑造神像和建造相关的附属物品一共耗费了800泰仑的黄金。考古学家曾经在一位僧侣的住处中发掘出一只石鸭，石鸭上刻有铭文"准秤一泰仑"。如果用现在的计量单位表示的话，这只石鸭约有29.68公斤重。如果希罗多德的记载真实可靠，那么照此推算，马尔都克神像连同附件一起重达大约23700公斤。而且它们都是由纯金铸造或制作，在当时的情况下，除了神灵，谁还能享受如此高的礼遇！

考古学家和历史学家认为，巴别塔除了奉祀圣灵之外还有其他两个用途。其一是尼布甲尼撒二世借助神的形象和威信来显示他个人的荣耀和威严，以保其永世的统治权力。其二是用来讨好僧侣集团以换取他们的支持，这样有利于稳固江山社稷。由于美索不达米亚是一个宗教盛行的地方，那里神庙林立，僧侣众多。僧侣不仅在意识形态上能强有力地影响民众，而且这个集团还掌握着大量的土地和财富，如果一个君王得不到他们的支持和拥护，恐怕这个王位也不能坐得安稳。君王在这方面的忧虑不是多余的，据历史学家研究发现，尼布甲尼撒去世后，新巴比伦王国衰落得非常迅速，以致后来的波斯人不费一兵一卒就占领了巴比伦城，这其中与国王失去僧侣集团的资助有莫大的关系。

关于巴别塔的用途还有一种观点，公元前1世纪的希腊历史学家认为高塔是一个天文观测台。巴比伦人发明了占星术，他们认为星体代表着神灵，马尔都克即为木星。那些新巴比伦王国的僧侣们登上神秘的塔顶，难道真的是为了侍奉半躺在床上的马尔都克吗？对此，希罗多德并不以为然，现代学者们则更不会相信，说不定躺在床上的不是马尔都克而是他们，他们正好可以半躺在床上观测天象。人类早期的天文知识来自于宗教和巫术，而掌握这些知识的多是僧侣。新巴比伦人取得了当时世界上最杰出的天文学成就，这座高塔肯定也提供了不少的帮助。

也有人认为巴别塔是一座有着多种功能的建筑，它的底层是用来祭祀的神庙，塔顶则是具有军事功能的哨所。

不管巴别塔在当时的真实用途是怎样的，当5000多年以前的世界上多数民族还处于茹毛饮血的蒙昧时代时，在这片被古希腊人称为"美索不达米亚"的土地上，一座气势磅礴、巍峨雄伟、结构精美的通天塔拔地而起，这不能不令人心生赞叹。当时有幸能目睹这一切的人们，一定会为这人间奇迹而感到震惊和兴奋，他们肯定奔走相告，想让全世界都知道它那伟大的存在。

曾几何时，这座高塔使得无数英雄为之倾倒。相传，当波斯王居鲁士攻下巴比伦后，即被巴别塔的雄姿征服。他不仅没有毁掉它，反而交代给部下一个任务：在他去世后，在其墓上按照巴别塔的样子建造一座小型的高塔。尽管受到诸多君王的喜爱和尊重，巴别塔终究还是没有逃脱被摧毁的命运。由于巴比伦民众对波斯王薛西斯的统治进行了顽强的反抗，波斯王薛西斯为此记恨在心，他下令彻底摧毁巴比伦人的骄傲——巴比伦城，巴别塔也在劫难逃，它们最终在战火的摧毁下通通化为一堆残破的瓦砾。

尽管如此，以酷爱知识闻名的亚历山大大帝还是由衷地仰慕这座巴别塔。公元前331年，在远征印度时，他特意来到了巴比伦以瞻仰这座伟大的通天塔。当这位英雄站在巴别塔遗址的跟前时，心中所想的一切，大概也只有他自己才能体会。他曾一度希望能修复这座富有传奇色彩的建筑，命令部下拆除全部的旧塔。一座更加宏伟壮丽的巴别塔将出现在人类的历史之中了，然而，这只是亚历山大的一场空欢喜而已。传说，当时有一只可能带有疟疾病菌的蚊子叮了亚历山大大帝后，这位驰骋疆场多年杀敌无数的一代天骄感染疟疾不治身亡。亚历山大逝世后，重建巴别塔的工程也就被人们放下了。然后事实是，这项工程的规模实在是太大了，仅清理这一项工作，就需要一万人花好几个月的时间。有感于工程量的巨大，亚历山大识时务地打消了这个重建通天塔的念头。

几千年下来，通天塔已成为了废墟，这似乎真的应验了犹太人所下的诅咒。即便如此，在时光穿越了几千年后，当一名考古学家——科尔德维见到已残破不堪的巴别塔遗址时，仍由衷地发出了赞叹之声。科尔德维写道："尽管遗迹如此残破，但亲眼看到的它是任何书面的描述都无法准确详尽地表达出来的。《旧约》中的犹太人把它看作人类文明骄傲的标志，通天塔的体积硕大无比，四面是僧侣们用来朝拜的豪华殿堂。它还有着许多宽敞的仓库，被连绵的白墙，华丽的铜门以及众多的碉堡包围着。当年这样壮丽的景象，在整个巴比伦都没有一个地方可以与之相比。"

地址之谜

在人们看来，昔日的巴别塔与被列为古代世界七大奇迹之一的"空中花园"相比并不逊色，它与"空中花园"一起被视作美索不达米亚鼎盛时代的标志。可它为何没被列入世界奇迹的名单中呢？有人解释说，当人们第一次统计世界上的奇观奇景的时候，巴别塔本身已不存在了，只在地面上留下了一个巨大的洞穴。随着时光的流逝，这个洞穴也慢慢被填平了，人们已无处可寻它的踪迹。只是到了后来，通过科尔德维的努力，人们才重新得知巴别塔原本所处的地理位置。

也有人认为巴别塔另有别的地址。在巴比伦城西南方一个名叫波西帕的地方，考古学家们发现了一座古塔庙的遗址。在远古时代的美索不达米亚平原上曾经庙宇林立，所以人们在这里发现一座遗址并不奇怪。但吸引人们注意的是，有人在此庙附近发现了一些泥板残片，根据其中的记载，巴比伦的一位国王曾下令在这里建造一座塔庙，但不知何故，没等工程完成，国王就突然下令停工了。于是，这里就留下了这座只有半截的塔庙。他们联想到神话中提到的巴别塔也是没有竣工的，于是推测波西帕的这座塔庙很可能就是神话中描写到的巴别塔的原型。

第六章　文学与神话

　　苏美尔文学是世界上最早用文字记录下来的文学种类，从那些已经得到破译的泥板文献上可以看到神话传说等文学作品。古巴比伦文学在一定程度上继承了苏美尔文学的传统，并在此基础上创造了神话、史诗、寓言、故事、箴言、歌谣和祷词等丰富的种类。这些记录在泥板文书上的文学作品，经过亚述人的传播，对希伯来人的宗教神话、基督教的圣经文学、波斯文学和阿拉伯文学产生了重要的影响，还间接地影响了欧洲文学的发展。

神话故事

　　在苏美尔人和巴比伦人的宇宙观中，人界和天界是相对应的，地上拥有的东西，天上也同样拥有。居住在天上的神不仅被人格化了而且还具有自然属性，如天神、地神、水神、大气神和风神等。苏美尔和巴比伦神话涉及的内容包括世界的构成、宇宙的创造、人的创造以及诸神的喜怒哀乐等。这些神话不仅具有较高的文学价值，而且是研究古代美索不达米亚宗教和哲学的重要材料。古代的苏美尔与巴比伦神话主要有四种类型，它们分别是创世神话、天堂神话、复活神话和洪水神话。

创世神话

　　创世神话是神话体系中的基础,也是最核心的部分。不过在苏美尔神话中,迄今还未发现一则直接地、明确地述及创世的故事。苏美尔学家克雷默则认为,通过《吉尔伽美什》的引子部分,可以解读和构想出苏美尔人关于宇宙创始的想法。他译出的引子部分如下:

　　在天空从大地移开之后,
　　在大地从天空分离之后,
　　在人类的名称被固定之后;
　　在安神带走了天空之后,
　　在恩利勒带走了大地之后,
　　在埃列什吉伽尔被作为库尔的奖品而带进库尔之后;
　　在他启航之后,在他启航之后,
　　在库尔的父亲启航之后,
　　在恩奇启航驶向库尔之后……

　　克雷默指出,如果对这一节内容加以解释和分析,则可表述为如下的意思:天地在初始时期是合在一起的,后来被彼此分开并且脱离开来,因此人的创造才得以开始。天神安努带走了上天,而恩利勒获得了大地。所有这些似乎都是按照既定的计划进行的,但是随后发生了某种分裂的事情。埃列什吉伽尔女神,相当于希腊的佩尔塞福涅——阴间女王,她最初可能是一位居住在天上的女神,被库尔带进了阴间。这无疑是为了报复,水神恩奇启航去攻击库尔。在这里,库尔被设想成是一个魔怪或巨龙,它并没有坐以待毙,而是向恩奇的船脊猛烈地投掷出大大小小的石块,并发动洪水攻击恩奇的船只。此诗没有交代战斗的结果,因为引子中提到的关于整个宇宙的创造过程与《吉尔伽美什》作品本身的内容毫不相干。把它置于全诗的开端,仅仅是出于苏美尔文书中习惯用有关宇宙创造的文章内容来开启他们的神话故事。

不过，有一则苏美尔神话《鹤嘴锄的创造》却颇有创世神话的色彩。

这首诗由108行构成，尽管里面有不少段落的内容晦涩难懂，但全文结构几乎是完整的。它以叙述苏美尔人构想的宇宙创造与组成过程作为序言。

序言内容如下：
那主，他真正使适当的事物出现，
那主的决定坚定不移，
恩利勒，他从大地带来了种子，
细心地从大地移走天空，
细心地从天空移走大地。
为了使出现的创造物生长，
在那"天与地的交合处"他（尼普尔）伸出了……
他创造鹤嘴锄，那"天"到了，
他引入劳作，注定命运，
他将"力量"放于鹤嘴锄与竹筐之上，
恩利勒使他的鹤嘴锄得到人们的颂扬，
他的黄金鹤嘴锄，它的头是由青宝石做成的，
他屋子里的那鹤嘴锄，……白银和黄金的，
他的鹤嘴锄的……是青宝石的，
它的牙齿是由阉牛的角制成；
那主召唤了鹤嘴锄，注定了它的命运，
他将启恩都，那神圣的王冠，置于它的头上，
他按照人头的模型……
阿努恩那启站在他四周，
他将它（鹤嘴锄）作为一件礼物放入他们手里，
他们用祷告安抚恩利勒，
他们让黑头人民握着鹤嘴锄。

在恩利勒创造出鹤嘴锄并安排了它的命运后，其他重要的神祇赋予了它力量与价值，诗篇以极长的一段话语描述了鹤

嘴锄的用途，最后几行内容如下：
　　那鹤嘴锄与竹筐筑建了城市，
　　那鹤嘴锄建筑了坚固的屋子，
　　它使得那坚固的屋子繁荣；
　　那屋子反抗着国王，
　　那屋子不服从它的国王，
　　鹤嘴锄使它服从国王；
　　它摧毁植物的头顶，
　　拉扯根茎，撕裂顶端，
　　那鹤嘴锄铲除了……植物；
　　那鹤嘴锄，它的命运被父亲恩利勒决定，
　　那鹤嘴锄得到了人们的颂扬。
　　苏美尔神话《牛和谷物》中提到了牛神拉哈尔和他的妹妹谷物女神阿什南。在神话里，拉哈尔与阿什南被创造出来的目的是让天神安的孩子与追随者阿努恩纳启有充足的食物和衣服。但是阿努恩纳启无法有效地使用这些神灵们的创造物，为了弥补这些缺陷，人类被创造出来。下面的诗篇中描述的是拉哈尔与阿什南从天上降落地面，赐予人类农业种植的丰收。其内容如下：
　　那些天恩奇对恩利勒说：
　　"父亲恩利勒，拉哈尔与阿什南，
　　在杜尔库格，他们已经被创造出来，
　　我们使他们在杜尔库格降落。"
　　听到恩奇与恩利勒纯净的话语，
　　拉哈尔与阿什南从杜尔库格降落，
　　他们（恩奇与恩利勒）为拉哈尔筑建了牛栏，
　　植物，芳草与……他们赠送给了他；
　　他们给阿什南建造了一座房子，
　　他们将犁与轭赠送予她，
　　拉哈尔站在他的牛栏里，
　　他使一位放牛人增进了牛栏的收成，

阿什南站在稻谷中，
她是一位慷慨慈善的姑娘。
天堂的富足……
拉哈尔与阿什南使之出现，
他们聚在一起带来丰产，
他们给土地带来了生命的气息，
他们主持着神的法令，
他们使仓库中的物品增多，
他们让仓储盈满。
贫瘠的屋子里布满了灰尘，
他们进去送入了富足，
无论他们站在哪里，
都会带来增产，
无论他们站在何处，他们使那儿充盈；
无论他们坐在何处，他们给那儿带来供给，
他们愉悦了安与恩利勒的心。

但是在诗篇的结尾部分记述的内容却令人啼笑皆非。里面说到，拉哈尔与阿什南在喝了大量的酒后，他们开始在农场与原野里争吵。他们争论得面红耳赤，双方都只会称赞自己的成就而贬低对方的不足。直到恩利勒与恩奇介入，他们才停止下来。

相对于苏美尔少量与隐晦的创造神话，巴比伦流传的创世神话数量较多。并且与苏美尔神话不同的是，巴比伦神话直接描述了神、宇宙万物和人类是如何创造的。不过，这些神话中提及的具体的创世过程却大相径庭。在这些神话故事中，最有名的是《埃努玛·埃里什》，它记载在7块泥板之上。其名字取自文章起首处的两词，意为"当上界"。

根据神话记载，在洪荒时期，"当上界天宇尚未存在，当下界大地尚未存在"，世上只有大海之神提亚马特及其丈夫甜水之神阿普苏。随后，其他许多神灵才相继诞生。新生诸神活动时发出的喧闹之声使大海之神夫妇无法安眠，阿普苏盛怒之下决定消灭他们。智慧之神恩奇借助法术，利用咒语杀死了阿普苏，使众神免遭危难。随后，恩奇在阿普苏的尸骸上营造居所，他的妻子在此生下马尔都克。得知丈夫被杀的噩耗，提亚马特集结了众多的妖魔意欲为丈夫报仇。威武勇敢的马尔都克与提亚马特展开了激烈的斗争，并最终取得了胜利。他杀死了提亚马特，将她庞大的躯体一分为二，一半用来造天，一半用来造地。之后，他又为众神设置了居所，设置了星辰，建造了太阳升落之门，并命令明月在太阳升起之时应隐藏住它的光辉。在他释放了那些被提亚马特囚禁的俘虏后，这些俘虏则甘愿承担起修建巴比伦城及其神庙的工作，这使马尔都克大为感动。为了使众神免除繁重的体力劳作，马尔都克在父亲恩奇的帮助下，用金古之血创造了人类。据说，金古为一名叛逆之神，曾是提亚马特军队的首领。众神为了感谢马尔都克的救命之恩，在巴比伦城为马尔都克修建了高大的庙宇和举行了盛大的庆典，并向众人宣布授予马尔都克五十个头衔，这意味着马尔都克将巴比伦神庙中一切主神的权力都集于一身，他因而成为了至上之神。

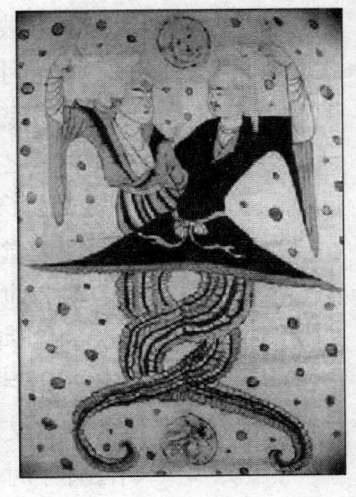

大海之神夫妇

巴比伦创世神话与其说是叙述世界创造的经过，不如说其主要目的在于赞美和抬高巴比伦之神马尔都克。因为在这些神话中非常明显地表明，马尔都克的创世业绩占据着极为重要的地位。虽还没有确凿的资料证明，但人们普遍的观点认为这则神话创作于古巴比伦时期，即公元前2000年上下，因此这则神话似乎具有庆祝巴比伦统一的政治意义。神话表明，巴比伦的统一是在马尔都克打败提亚马特的前提下并且实施有效的安抚政策后实现的，并由于这种有效的办法，马尔都克在获得这场胜利之后，在这片土地上开始了他永久的统治。

天堂神话

在名为"恩奇与宁胡尔萨格"的神话中，苏美尔诸神生活的天堂被称作底尔蒙,它被描绘成是一个"洁净"、"无秽""光明"的境域,在那里从来没有疾病和死亡。但美中不足的是,底尔蒙缺乏淡水。淡水是动植物生命的源泉,因此水神和智慧之神命令太阳神乌图把淡水从地上引到底尔蒙,使底尔蒙成为了一座田野富饶、草场丰美的神园。

在天堂里,智慧之神恩奇与苏美尔众神之母(就起源而论,似为地母)宁胡尔萨格女神结了婚。宁胡尔萨格只经过了九天的怀孕时间,没有分娩就生下了女神宁穆。恩奇很快又使他的女儿宁穆怀孕,她也以相同的方式,生下了女神宁库拉。接着恩奇又使宁库拉怀孕,并生下女神乌特图。当恩奇想使乌特图怀孕时,宁胡尔萨格出面干预了此事。宁胡尔萨格向乌特图提出了一些劝告和要求,记录这些具体内容的泥板未能保存下来,但根据泥板后面的描述我们大致可以推断出来一些信息。宁胡尔萨格劝说乌特图不要与恩奇同居,对此乌特图答应了。恩奇并不死心,他找到乌特图并向她许诺只要是她提出的要求都可以满足。乌特图想要恩奇送给她黄瓜、苹果和葡萄等礼物,实现这些愿望对水神恩奇来说轻而易举。当他带着礼物前来看望乌特图时,乌特图芳心大悦,遂与恩奇同居。不过,他们的结合并未生出新的女神。宁胡尔萨格利用恩奇的精子创造了八种不同的植物,恩奇由于需要决定各种植物的职责,必须品尝它们。于是,他的信使双面神伊西穆德采回了这八种植物的果实,恩奇一一吃下。不料,此举竟激怒了宁胡尔萨格,她对恩奇说了句咒语便愤然离去,她还声称:除非他死,否则她是不会再用"生命之眼"看他。

此后,恩奇的身体每况愈下,他身上的八个器官分别受到了不同疾病的损害。恩奇的病情使众神十分悲痛,他们召开众神会议商讨此事时,众神之王恩利勒一时也束手无策。这时雌狐主动找到了恩利勒,她对恩利勒说:如果众神给予她应有的犒赏,她有办法使宁胡尔萨格重返天堂。雌狐是采取何种手段请回宁胡尔萨格的,不得而知,因为记载这部分内容的泥板已经被毁坏了。宁胡尔萨格回来后，施法使恩奇的身体得以复原。她让恩奇坐在身旁，询问他身体八种器官带给他何种疼痛和折磨后，创造了对付这些不同病痛的八位神明。最终，恩奇转危为安，身体也快速地康复了。

克莱默教授把苏美尔神话中描写的与天堂有关的故事与《圣经》中所记载的内容进行比较研究后，他认为《圣经》中所写的天堂故事源于苏美尔。他认为两者中的天堂不仅在地理位置上是相似的，而且关于记载太阳神用淡水灌溉底尔蒙的故事的有关情节也十分相似。同时，在苏美尔神话中，众女神在生育时没有经受折磨，无分娩之苦，恰恰与《圣经》中上帝对夏娃的诅咒"你生产儿女时必受苦楚"相对应。恩奇食八种植物而遭受诅咒的情节与亚当和夏娃偷食善恶树上的果实而遭受诅咒的故事十分相似。

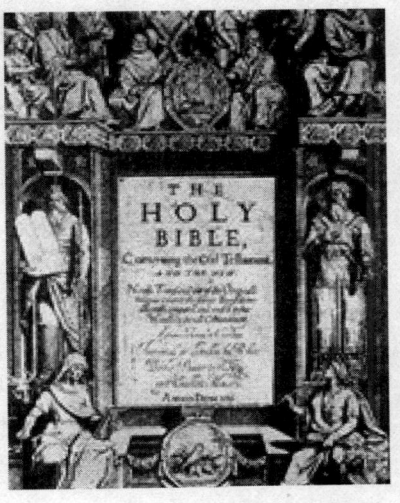
《恩奇与宁胡尔萨格》

复活神话

神话《伊什达尔赴冥府》起源于苏美尔时代的神话故事《伊南娜降至冥府》，讲述的是爱情与生命女神伊什达尔赴阴间拯救丈夫植物之神杜木兹的故事。伊南娜就是伊什达尔，在苏美尔语中称为伊南娜，在阿卡德语中称伊什达尔。

巴比伦神话《伊什达尔赴冥府》的故事内容大致是这样的：女神伊什达尔的情人、种子与植物的保护之神杜木兹不幸死去，伊什达尔为救其性命来到地狱寻求生命之泉。地狱设有七重门，伊什达尔每过一道门槛就要脱下一件衣服，等走过这七重门之后，她的衣服也脱光了。然而，狡诈的地狱主宰者不仅不肯放出杜木兹，而且把伊什达尔也关了起来。由于两神都被禁锢在了地狱之中，树叶落尽，地上的万物也失去了缤纷的色彩。众神实在看不下去了，纷纷派遣自己的使者来到阴

伊什达尔

间,请求地狱统治者释放伊什达尔,赐给她生命之泉。最终,伊什达尔用泉水救活了杜木兹,大地也随着杜木兹的回归而重现出勃勃生机。

这就是巴比伦人对自然界中更替现象的解释,远古时期的人类用具有象征意味的神话故事来表明自然界的草木枯荣、日月升坠、四季轮回等外界变化的缘由。同时,几乎世界上所有的民族都对大自然四季循环往复的现象进行过猜想。巴比伦神话中这种对四季更迭和死而复生等自然现象的阐释,对后世的文学创作产生了深远的影响。

洪水神话

贝尔神恼怒于世人的无知,决定用滔天的洪水毁灭人类。埃阿神得知此事后,连忙吩咐一位住在河口的老人建造一艘"宽度必须和深度一致"的船,"将一切活物的物种运进船中"。后来,狂风暴雨果然进行了六天六夜,洪水灭世,诸神都感到战栗不安,纷纷逃往天上。第七天,老人的船停在了尼尼尔山顶,他分别放出鸽子、燕子和乌鸦探查水情。得知水退后,他陆续放出活在船上的动物们,还虔诚地祭拜了天上诸神。诸神正饥肠辘辘,忽闻老人祭物的香味,垂涎欲滴,像苍蝇一样齐集到祭物之上。贝尔神因埃阿神泄露了天机,使他的计划未能成功,而对埃阿神大加斥责,从而引起诸神的共愤。最后他们之间达成和解,并赐福给河口老人及其妻子,使他们得到了永生,并让他们在诸河入海口永久居住。

洪水神话可能是两河流域地区曾经发生洪灾的历史回忆。近年来,在乌尔地区一些地方8尺厚的黄泥之下,考古学家发现了城市遗址和居民的家用物品,这些文物被推断其所属年代为公元前3200年左右。在乌尔之北的一处地方,考古学家还发掘出一座古城，这座古城之上被埋有两层泥沙，泥沙中还有小鱼的骨头。专家推断，这次洪水应该发生在公元前4000年左右。

小结

两河流域是人类文明的发源地之一，其宗教对整个西亚地区影响甚广。当时，在这个地区的诸种宗教都是所建国家自有的民族宗教或国家宗教，他们所崇敬的神灵和进行的宗教活动都具有明显的地域性和狭隘的民族性。因此，一旦这个国家被征服之后，它的国家宗教也将逐步被新的民族宗教或国家宗教所替代。当属于雅利安种族的波斯人与希腊马其顿人征服并统治这片地区之后，古巴比伦的宗教及其势力也默默走向了消亡。

不过值得一提的是，那些在后来颇具影响力的宗教（犹太教、基督教、伊斯兰教）都曾从古代宗教教义中承袭了它们所需要的传统。犹太教在《圣经·创世记》中记载的关于上帝创世、上帝造人、洪水灭世和诺亚方舟等神话故事，这些无疑均与巴比伦神话有很大的相似性与关联性。基督教中关于"复活"教义的产生，也与古代巴比伦宗教的复活神话及其祭拜仪式有很大关系。

史诗文学

人们通常认为，史诗与神话的基本区别在于神话描写的主体是神和他们的活动内容，而史诗的内容则是歌颂人类，更确切地说是歌颂人间英雄的伟业，虽然其中也不免带有某些传奇色彩。但在古代美索不达米亚的神话和史诗中，这种区分有时并不十分明显。有许多讲述神的故事也被冠以史诗之名，然而它们从本质上应属于神话之列。在古代的苏美尔，除了神话以外，歌颂人类英雄的史诗也并不少见。

苏美尔时期有着著名的三大英雄，他们分别是吉尔伽美什、卢伽尔班达和恩美尔卡。他们三位均是有据可查的真实人物，生前资料都被记载在《苏美尔王表》之中。在《苏美尔王表》中，恩美尔卡、卢伽尔班达和吉尔伽美什分别是乌鲁克第一王朝的第二、第三和第五位统治者。根据苏美尔人的记载，乌鲁克第一王朝是在基什第一王朝之后兴起的。关于这三位英雄的史诗共有九部之多，篇幅大小从一百多行到六百多行不等。其中关于恩美尔卡的有两部，关于卢伽尔班达的也有两部（其中之一也涉及恩美尔卡），关于吉尔伽美什的则有五部之多。虽然这些史诗带有某种浓厚的传奇色彩，但在一定程度上还是反映了较为真实的历史事件。

恩美尔卡史诗

关于恩美尔卡的第一部史诗是《恩美尔卡与阿拉塔之王》。这是一部用苏美尔文书写的史诗，刻在一块方形泥板之上，该泥板大约23厘米见方，全文被划分为12栏。该篇史诗大约在4000余年以前被人刻写在这块泥板上面，但其中所记述的人物和发生的事件则要更早一些。

故事的情节大致是这样的：位于乌鲁克东部的波斯境内有一座城市名叫阿拉塔，它与乌鲁克之间相隔七座山脉。阿拉塔是座富庶的城市，富产各种金属和矿石，而这些物产正是美索不达米亚所缺少的。因此苏美尔的英雄、乌鲁克的统治者恩美尔卡对阿拉塔城及其财富觊觎已久，决定设法使其臣服于自己，并最终达到了这个目的。

卢伽尔班达史诗

描写卢伽尔班达的第一部史诗是《卢伽尔班达和恩美尔卡》，这部史诗的篇幅长度多达四百行，大部分内容保存较为完好。其大致情节如下：苏美尔的英雄卢伽尔班达被迫身处

》神奇的巴比伦…

在一个叫扎布的遥远地方,他很渴望返回他自己的故乡——乌鲁克。他首先要赢得一种叫伊姆杜古德的鸟的信任与友谊,据说这种鸟能决定人的命运,它所说的话不容违反。因此,卢伽尔班达趁此鸟外出之时,来到了它的巢穴,给它的孩子们带来了脂肪、蜂蜜和面包,并且为它们化妆打扮,戴上王冠。伊姆杜古德回来之后看到这一切感到非常高兴,决定与这位热情友善的人建立友谊。卢伽尔班达得到了鸟的奖赏,伊姆杜古德为他想到了一个方案,它向卢伽尔班达保证这将是一次顺利的旅行并提出了有关建议,不过伊姆杜古德提醒到这些建议绝对不能告诉任何人,哪怕是最亲密的朋友。卢伽尔班达的朋友和随从劝阻他,因为他们觉得这是一次有去无回的旅行,跋山涉水,困难重重。但卢伽尔班达坚持己见,最终他成功地返回了乌鲁克。

在乌鲁克,卢伽尔班达的君王、太阳神乌图之子恩美尔卡正陷入深深的沉思之中。因为在过去的很多年里,塞姆族的马尔图人不断侵袭和蹂躏着苏美尔和阿卡德,此时,他们已经将乌鲁克重重包围了。恩美尔卡意识到,在如此紧急的关头他必须求助于阿拉塔的伊南娜女神,但令他万分苦恼的是他找不到勇于冒险前往阿拉塔送信之人。卢伽尔班达向国王自告奋勇,提出前往阿拉塔的请求。恩美尔卡要求他严守秘密并且不能给他提供陪同他去的人,于是卢伽尔班达孤身一人踏上了旅程。他随身带着武器,在翻越了七座高山后才来到阿拉塔,在那里他受到了伊南娜的热情接待。泥板中关于伊南娜对恩美尔卡的答复记载得不是很清楚,她似乎要求恩美尔卡在河中捕捉一种不寻常的鱼,要他制作一种盛水的容器,还要求他在城市中安置金属匠和石匠。但对于这一切是如何粉碎马尔图人的进攻的,泥板记述得也很不详细。

关于卢伽尔班达的第二部史诗是《卢伽尔班达与胡鲁姆山》,其篇幅也在四百行以上,但开头和结尾部分都已遗失。

其内容大致如下:卢伽尔班达前往遥远的阿拉塔,途中

第六章 文学与神话 147

经过了胡鲁姆山。卢伽尔班达在此病倒了，卢伽尔班达向太阳神乌图祈祷，乌图保证他将会得到"生命之食"和"生命之水"以恢复健康。身体复原后，卢伽尔班达靠狩猎和采集野果生活。有一次，他在睡觉中梦见太阳神乌图命令他拿起武器杀死一头野牛，然后把牛油献给正在升起的太阳之神乌图。之后，乌图还命令他杀死一头小羊，把羊身上流出的血倒进沟渠里，把羊油放在平地上。醒来之后，卢伽尔班达连忙按照神的旨意做了这些事情。此外他还为安、恩利勒、恩奇和宁胡尔萨格这四大苏美尔神明准备了食物和美酒。史诗的最后一百行，其内容为赞美天上的七色光，因为它们帮助月神、太阳神和金星女神照亮了宇宙。

《吉尔伽美什》

"吉尔伽美什，你将漂向何方？
你所追求的永生，永远无法得到，
因为上帝造人之际，就让死亡与人相伴……
吉尔伽美什，穿上新衣，沐浴去吧。
凝望挽着你手的儿女，
愉悦怀中的娇妻。
人应关心的，唯有这些事。"

——《吉尔伽美什》

《吉尔伽美什》是苏美尔时期流传着的诗篇，是公元前18世纪古巴比伦文学中最杰出的史诗作品。它用楔形文字刻写在了12块大泥板上。全诗共3500行，可分为4个部分，其主要内容来自上古时期劳动人民的口头创作与传诵。

从结构上看，史诗分为前言和正文两大部分。前言主要描述了英雄吉尔伽美什其人其事。吉尔伽美什是乌鲁克的国王，他既非人类也非神明。众神创造了他完美的身躯，并赋予他美貌、智慧、勇气，使他具有世人无法相媲美的完美品质。正文则按情节发展讲述了吉尔伽美什一生的传奇事迹。

吉尔伽美什做了乌鲁克国王不久之后，由于他性情暴戾加之荒淫无度，弄得国家民不聊生，百姓怨声载道。天神听到民众的哭诉之声后，决定为吉尔伽美什创造一个对手恩奇都，让恩奇都去制服吉尔伽美什。两位英雄经过长时间的搏斗与厮杀，却始终不能分出胜负。久而久之，两位英雄之间原本的仇恨之情转而变成彼此的敬佩之情，二人还结成了莫逆之交。他们和睦地生活在了一起，吉尔伽美什在恩奇都的感染下做了许多有益于人类的事情，其中包括杀死守卫松树的怪物洪巴巴拯救出被困的女神伊什达尔等。

故事描述道：吉尔伽美什决心为民除害，在杀死巨妖洪巴巴营救女神伊什达尔的过程中充满了危险，但他勇敢无畏、不惧牺牲，誓死也要完成这项艰巨的任务。经过与洪巴巴之间残酷的争斗，吉尔伽美什和恩奇都最终取得了胜利。吉尔伽美什因此得到了百姓的敬佩与爱戴，也赢得了伊什达尔的欣赏与爱情。女神充满感激地向英雄倾诉道："请过来做我的丈夫吧，吉尔伽美什！"女神还向吉尔伽美什说，如果他接受了她的爱情，就能永世享受无尽的荣华富贵。出乎伊什达尔意料的是，吉尔伽美什竟然拒绝了她的美意，因为吉尔伽美什非常了解伊什达尔的为人，他不喜欢伊什达尔的水性杨花，而且她并不懂得善待自己的爱人。伊什达尔遭到拒绝后，羞怒不堪，因而由爱生恨，请求天牛替她报受辱之仇。吉尔伽美什和恩奇都与天牛展开了殊死搏斗，最终天牛被打败了。不幸的是，他们受到了伊什达尔的父亲、天神安努的惩罚。天神让恩奇都患上致命的疾病，不久他就离开了人世。挚友的去世使吉尔伽美什悲痛欲绝，同时也让他产生了对死亡的恐惧，于是他决心前往人类的始祖乌特·纳比西丁那里探寻永生的秘诀。经过长途跋涉，历尽千辛万苦后，吉尔伽美什终于找到了乌特·纳比西丁。乌特·纳比西丁向他讲述了自己永生的原因。在人类曾经经历特大洪水这一场灭顶之灾时，自己一家人因得到神的帮助才获得了这个永生的机会。很显然，乌特·纳比西丁获得永生的秘诀对吉尔伽美什而言已经毫无用处了，因为他再也不可能像乌特·纳比西丁一样有这种境遇了。后来，吉尔伽美什得到过能使他返老还童的仙草，可仙草又不幸被盗。最后，他只得万分沮丧地回到了乌鲁克。全诗以吉尔伽美什和恩奇都灵魂与灵魂之间的对话而结束。

史诗中的故事情节跌宕起伏，语言优美流畅，既生动地反映了人们探索生死奥秘这一自然规律的愿望，也展现了人们反抗神谕最终难逃失败命运的悲剧。尽管这篇史诗带有浓厚的传奇色彩，但在一定程度上还是反映出某些真实的历史事件。在许多巴比伦时期的泥板以及石刻中，都记载着以吉尔伽美什传奇故事为题材的相关内容，这说明该史诗不仅有很高的文学价值，而且是重要的史学参考依据。

以它为代表的古巴比伦文学，其辉煌的成就，不仅对西亚和中亚各民族文学产生了巨大影响，而且还在一定程度上影响了古希腊和古罗马文学的创作，为古代亚洲文学和世界文学的发展做出了巨大的贡献。

这部史诗最早被人们发现时是刻在泥板上的，于19世纪中叶在亚述古都尼尼微出土。经过学者们约半个世纪的研究与整理后，到了20世纪20年代，翻译和注释工作已基本完成，我国也已经出版了该诗的中译本。大英博物馆的乔治·史密斯是最先"发现"并关注这部史诗的人。由于他的成功译读以及在尼尼微遗址的实证考查，人们才会把注意力集中到这部古老的史诗上。史密斯为《吉尔伽美什》史诗的重新面世做出了杰出的贡献。

爱情诗

爱情是人类文学史上永恒的主题，一部不朽的爱情诗篇如同一个动人的爱情故事一样，可震撼人的心灵，激发人美好的向往。同时，爱情诗或情歌也是人类文学史上最早的文学体裁之一，而最早的爱情诗篇就诞生在苏美尔。苏美尔人留给后人的爱情诗在数量上并不多，内容也主要是围绕国王和神明之间的爱情故事。

迄今所知最早的两首爱情诗保存在伊斯坦布尔古代东方博物馆之中。这两首诗的创作时间应该是在乌尔第三王朝时期，因为其男主人公都是同一人——乌尔第三王朝的第四代国王舒辛。根据苏美尔人的传统习俗，为了保证土地丰产和人丁兴旺，当政的国王每年都要迎娶一位在爱情和生育女神伊南娜手下工作的女祭司，这是他的神圣职责之一。这种"圣婚"仪式在每一个新年开始的当天举行，仪式开始前要举行盛大的庆祝宴会，席间有音乐伴奏，人们尽情地载歌载舞。根据著名的苏美尔学家克莱默教授的研究，这两首诗应该是被选中的新娘献给国王的情诗。

这两首爱情诗不仅向我们展示了生活在4000多年前的苏美尔人的婚姻和爱情观，还向我们展示了在文学表现手法上他们已经开始采用重复、排比和比喻等多种修辞方法，这表明他们已懂得重复和排比所造就的感染力以及比喻手法带来的生动感。如果说，重复和排比还仅属于作品结构本身的范畴的话，比喻的运用则要求作者有着广阔的知识面和敏锐的观察力。

在第一首诗中，比喻用到的喻体是蜜，想要表达的内容是其最重要的属性"甜蜜"，修饰的对象分别是"美貌"和"香吻"。在第二首诗中比喻运用到的喻体有巨龙、幼狮等。比喻是绝大多数苏美尔文学作品尤其是诗歌作品中常采用的修辞手法之一。

从大量的苏美尔文学作品中我们可以看出，苏美尔人用作比喻的事物在数量上、种类上都非常丰富，涉及范围也非常广。首先，经常被人们使用的是宇宙和天体，这其中包括日月星辰和天地等。苏美尔诗人通常用"天"来形容"高"，例如苏美尔人的塔庙在许多作品中被描绘为"与天齐高"；有时"天"也用来形容"美丽"，如一位诗人把尼普尔说成"里里外外都像天一样美丽"等。对于"大地"，人们则取其"宽广"的寓意,即所谓的"天高地广";有时也用来表示"持久"、"长久"等含义,即所谓的"天长地久"。其次,经常使用的客体是自然现象,如雷雨风暴等。再次是自然界的万事万物,如山、水、植物和动物等。其中,动物王国中的成员是主要的比喻喻体来源,有常见的野生动物如狮、狼、野牛、山羊和大象等,普通的家畜如公牛、母羊、驴和狗等,此外还有各种鸟类和鱼类等。最后是各种物品,如前面两首诗中提到的蜜和酒,还有牛奶、船和服装等。

寓 言

根据西方传统的观点,生活在公元前6世纪的伊索被认为是寓言的创始者,他创作的《伊索寓言》至今都广泛地流传着。不过,我们发现《伊索寓言》中的许多"原型"都可以追溯到比它诞生早一两千年的苏美尔人和阿卡德人的动物寓言。动物在苏美尔智慧文学中占有非常重要的地位,在目前已翻译过来的近300个寓言和格言中涉及的动物多达64种。它们不仅包括牛、马、驴、狗、羊等家畜和狐狸、狼等野生动物,还包括各种鸟类、鱼类和昆虫。除动物以外,古代美索不达米亚寓言故事中的主角还有植物、自然现象和工具等。

这些寓言所讲述的故事大体反映出动物凶残、贪婪等本性,以及植物、自然现象和工具间的内部争斗以及骄傲自大等弱点。寓言所描写的故事在一定程度上揭示出美索不达米亚社会生活的方方面面。其中保存较好较为有名的寓言包括《狐狸的故事》、《牛与马》、《骑驴的故事》、《柳树的故事》、《牲畜与谷物的争论》、《冬与夏的争论》、《铜与银的争论》、《锄与犁的争论》和《鸟与鱼的争论》等。其中,这些非常有意思的"争论文学"已具有辩论的性质,多以一方争辩获胜而告一段落。

《冬与夏的争论》篇幅较长，对研究古代苏美尔的农业状况有较高的史学参考价值，因为它的内容涉及了古代农业实践的诸多方面。其内容梗概如下：恩利勒希望创造出各种树木和农作物以使大地繁荣富庶。为此，他创造了两个神，恩腾（冬）和埃美什（夏）。恩利勒为这两兄弟分别指派了各自的任务：恩腾要使母羊生育小羊羔，使母牛繁殖小牛，让牛羊成群；他要使在平原上的野山羊、绵羊和驴的心情愉悦；他要为天空中的鸟儿建立巢穴以供它们休息；他要在芦苇丛中为鱼儿创造产卵的场所；在椰枣树林和葡萄园中，他要使蜂蜜和葡萄酒丰产；树苗无论种植在哪里，他都要使其结出果实；他要用绿色装扮园圃，使植物繁茂等。埃美什则负责创造树木和田地；加宽牛棚和羊栏；在农田中，他丰富物产，装扮大地，他把丰收带进千家万户，他使粮仓堆积如山；他建立城市和居住区，在大地上建屋筑房，在山巅建立神庙等。在完成了这些使命后，两兄弟决定到位于尼普尔的"生命之屋"给父亲恩利勒送去答谢的礼物。埃美什带去了各种各样的野生动物、家畜、鸟类和植物，而恩腾则选择了贵重金属、宝石、各种树木和鱼类。当两人到达"生命之屋"门口时，嫉妒心很强的恩腾看到埃美什身旁有如此丰富的礼物，便开始与其兄弟争吵起来，两个人反反复复争执不下，最后埃美什决定向恩腾所代表的"农神"的权威发起挑战。两兄弟来到了恩利勒神庙的大殿中，展开了各自的陈述。恩腾向恩利勒抱怨道：

父王恩利勒，你赋予我管理运河之权，我使河水丰沛。

我建的农庄一座连一座，粮食堆积如山，

我使农作物在田垄中茁壮成长，

现在，埃美什……不知道田地之事，

争夺我的……臂膀……

埃美什反驳的内容没有被保存下来，恩利勒对两兄弟的判决如下：

普天之下的生命之水由恩腾掌管，
作为农神，他负责生产的一切，
埃美什，我的儿子，你怎么能与你的兄弟恩腾相提并论！

恩利勒的判决不容更改，埃美什只能跪在恩腾的面前并送给他祝福。在这场争论中，恩腾获得了胜利。

谚语与格言

谚语与格言是美索不达米亚智慧文学的重要形式之一。在此之前，希伯来人和古埃及人分别享有人类最早谚语和格言创作者的美誉，但随着苏美尔——巴比伦文学得以重见天日，这一桂冠就自然落在了苏美尔人和巴比伦人的头上。

苏美尔人大部分的谚语和格言的创作时间要早于古埃及几个世纪。现存苏美尔——巴比伦的谚语和格言集中有相当一部分是用双语刻写而成的，也就是文章主体以苏美尔文书写，字里行间附有阿卡德文写成的翻译，也有一些谚语和格言只用巴比伦方言书写。它们刻写的时间有的是在公元前1000年左右，有的则是在公元前2000年的初期。不过在许多谚语和格言以文学的形式记载下来以前，早已在民间百姓的口头流传中存在很长时间了。

古代美索不达米亚的谚语和格言的基本特征是主题和内容涉及的范围非常广泛，大致有以下这些种类：

首先是以反映穷人和富人生活为主题，反映社会等级之间的差别的。例如：

有钱人可能很快乐，
有大麦之人可能同样很快乐，
但一无所有之人可能高枕无忧。

这段文字一方面体现的是富人的享乐生活，但也反映出富人因害怕所拥有的财产被盗或遭抢掠而时刻充满担忧的心情；另一方面也体现了穷人虽一无所有，却因不需时时担心而能享受一份简单的令人满足与心安的快乐。不过，这种充满诙谐的风格的谚语背后，无疑也隐藏着穷人的无奈心情。下面这组格言，具体而形象地反映了穷人的悲惨处境：

穷人活着不如死了好，
如果他有面包，便会没有盐，
如果他有盐，便会没有面包，
如果他有肉，便会没有小羊，
如果他有小羊，便会没有肉。

从这组格言中，我们可以看到当时的穷人连最基本的生活资料都不具备，他们过着缺衣少食的生活。最具讽刺意味的是，贫穷的工匠甚至连自己所制作的物品都买不起，有这样一句格言可以证明这种情况：

裁缝总衣衫褴褛。

其次，以古代美索不达米亚人的政治观念和社会制度为主题，这类谚语和格言为数不少。例如：

人民没有国王（犹如）羊群没有牧人；
人群没有头领（犹如）河水没有管理者；
劳动者没有监工（犹如）田地没有扶犁人；
房屋没有主人（犹如）女人没有丈夫。

这反映出人们对良性社会秩序与制度的向往，这与中国古代人民期盼拥有一位好皇帝的思想具有某些相似之处。令人感到惊讶的是，在一些苏美尔人和巴比伦人的谚语和格言中还出现了对于国家兴亡和社稷安危的洞见。例如：

国家军备虚弱。
无以抵御外敌。

这句格言道出了军事力量与国家安全之间的紧密联系。还有一些格言和谚语反映了人们对和平的期望和热爱之情。例如：

抢夺敌人的土地，
敌人也会抢夺你的土地。

这或多或少地体现出"人不犯我，我不犯人"或"多行不义必自毙"的思想。

此外，还有一些主题是反映家庭琐碎生活的：

我妻子去了神殿，

我母亲顺河而下，

在此我正在挨饿。

这一方面反映了当时的妇女可以参加社会活动，尤其是宗教活动，另一方面也体现出妇女在家庭生活中的重要作用，如果她们不在家，男人将无以为食。同时，妇女的家务活也可能较为繁重，她们可以逃避劳动的唯一方法就是生病（有时也可能是装病）。格言说"辛劳的女人痛上加疼"反映的就是这种情况。

另一则以男人为主角的格言，反映了家庭成员之间相互依存的关系：

沙漠中的水壶是男人的生命，鞋为男人的眼睛，

妻是男人的未来，

子为男人的庇护，

女是男人的救助，

媳为男人的魔鬼。

还有一些谚语和格言的主题是关于学问和知识的：

文字乃演说家之母，是学者之父。

还有关于生活态度或人生哲学的，这集中反映在面临生与死这两种情况时人们将选择的不同的生活方式：

我们注定要死亡，让我们尽情地花费；

我们的命还很长久，让我们精打细算。

表达命途多舛或形容时运不济的：

逃脱野公牛的追捕，又遇到野母牛的来袭。

这与我们今天常说的"逃出狼窝，又入虎穴"或"刚出油锅，又进火海"所表达的意思大致相同。又如：

即使居住在用沥青和烧制砖修建的房屋中，（还是有）

一把泥土落在了我的头上。

　　足不出户霉运都会找上门来，这个人显然很倒霉。在形容命运处处与自己作对的情况时，有这样一句谚语：

　　你置身水中，水都会变臭；

　　你进入花园，花都开始凋谢。

　　反映社会和人际关系的：

　　向年轻人美言，他会奉献出一切你想要之物；

　　向狗抛掷残羹，它也会对你摆尾。

　　你对别人恶语中伤，别人也会反戈一击；

　　争吵时不要面露怒色。

　　还有一句格言与我们今天经常所说的"同行是冤家"颇为相似：

　　同事间必有争吵，祭司中难免谗言。

　　还有关于人与人之间友谊的格言，对此当时的人们有着不同的理解，现举三种例子：

　　友谊维系一日，亲情天长地久。

　　友谊维系一日，奴役天长地久。

　　友谊维系一日，交易天长地久。

　　第一句把友谊与亲情相比较，旨在说明朋友间的友谊不一定能长久，只有有着血缘关系的亲情能够永存。第二句与第三句分别把友谊与奴役和交易相对照，旨在说明人与人之间不存在真正的友谊，而是只有相互奴役和相互利用。虽然这三句话所运用的对比事物不同，但所要表达的主题是一致的，即人间不存在真正的友谊，只有永久的利害关系。这在某种程度上反映了苏美尔社会的世态炎凉，也表现出苏美尔人消极的人生态度以及阶级社会中人与人之间赤裸裸的利益关系。

　　反映社会问题的谚语和格言表达得很有意思：

　　饥饿者可以凿穿房屋的砖墙。

　　这条格言无疑反映着一个比较普遍的社会问题，类似于我们今天所说的"饥饿起盗心"。

第七章 艺术之美

美索不达米亚地处交通要塞,苏美尔人是最早在此建立城邦的民族。然而,这片处于冲积平原地带的古文化发源地,因为缺乏天然的保护屏障,所以很容易受到四周各个外来民族的入侵。因此在这片土地上,政权交替和民族迁移异常频繁。数千年间,各个民族之间的相互影响与融合对于这里的艺术作品形式与风格的形成有着紧密的联系,使得这一地区的多种艺术形态既有各自的特色,又有共同之处。

美索不达米亚艺术的功能主要是为宗教和王权服务,艺术作品中的内容也大都是对神和国王的称赞,其处理手法也往往受到宗教和王权的种种影响和限制而始终具有相当严谨的形式。在这些艺术作品中常常都会强调神和国王的权威,而关于普通人的个性描写则被认为是微不足道的。

圆雕艺术

早在公元前4000年的时候,两河流域已创造出具有民族特色的雕塑艺术。各种形式的苏美尔雕塑,无论是圆雕还是浮雕,他们都具有宗教特点并在神庙中扮演着各种宗教职能。苏美尔人的圆雕极具特色,它们多是宗教用途,雕像的身体一般呈圆柱形，他们双手捧于胸前，姿势虔诚，眼睛睁得很大，流露出纯真、朴实、专注的表情。

泰尔·阿斯马尔的阿布神庙的地窖里完好地保存着一批圆雕人像，这为后人了解早期苏美尔人的雕塑艺术提供了重要的参考实物。这些雕像中有形体高大的阿布神和一位女神，基座上清晰地刻有表明他们身份的标志。在神像的对面整齐地站立着一排大小不一、服装各异的祷告者。这些祷告者中有9名是男性，身穿当时传统的大衣。其中，一个秃头、胡须理得很干净的人被认为是祭司。其余的人留有浓密的胡须和长长的头发，胡须和头发都是用规整的纹理和黑彩来表现的。他们的眼睛被镶嵌着贝壳和天青石。其中有一尊跪着的祭司雕像是用雪花石膏雕刻而成的，根据传统礼仪的规定，他赤身裸体且只戴一个小圆形头饰。

阿卡德王国的建立给雕塑艺术带来了飞跃性的发展，阿卡德的雕塑艺术丰富了苏美尔雕塑艺术质朴的造型语言。一个尼尼微出土的雕塑头像可被看作是在这一方面的范例。这一个雕塑被认为就是阿卡德王朝的奠基者萨尔贡一世的头像，它的面部被修饰得简练而逼真，须发的雕刻手法独特而有力，这些雕刻技术在苏美尔石雕艺术的基础上又前进了一步。

古地亚时期的雕塑特点是它把苏美尔雕塑的装饰风格与阿卡德雕塑的粗犷风格有机地融合在了一起。我们可以从一些保存下来的古地亚雕像上看到其制作技术十分高明，它们由坚硬的花岗石雕凿而成，表面被精心打磨而显得光滑明亮。

古地亚的座像就是其中的一件优秀作品。雕像刻画的是古地亚正端坐着研究建筑图纸的样子，其神情沉静、专注。他身穿单薄长衫，裸露右臂，肌肉线条十分清晰而显得结实有力。整个雕像用坚硬的黑曜石雕成，经过细致打磨而明亮细腻，更突显出古地亚的学者风范。不过美中不足的是，古地亚两腿紧并，使得雕像缺乏了一些生机与活力。座椅上铭刻着一段楔形文字，详细记述了当时摆放古地亚座像神庙的修建过程。

在乌鲁克出土了一尊女神头像，有人称她为"乌鲁克女神"，这尊大理石头像可能是当时专供祭祀时使用的一种宗教偶像。头像的眼眶中没有眼珠，只有两个较大的凹洞，显然，曾有某种宝石或其他珍贵的石头镶嵌在里面。在接近眉毛处的一道深槽是用来镶嵌黄铜或金子的地方。至于头像的其余部位，可能由木料制成。这尊头像的脸部造型比较秀丽，所以雕像被人们冠以一个美称："美索不达米亚的蒙娜丽莎"。

在两河流域的中部地区，史前考古家们从一座神庙的废墟中发掘出许多保存完好的小雕像，从这些雕像的造型上可以看来，可能是祭司或供养人。他们有一个共同点，即眼睛处都留出了两个很大的凹洞，这显然和"乌鲁克女神头像"一样，是准备镶嵌彩石眼珠的，所以眼眶空间留得很大。古代的艺术家们很早就善于用镶嵌手法来加强人物的眼神，可见在当时人们就已经认识到了眼睛的雕刻在塑造人物形象的过程中的重要性了。

这些雕像也都呈直立式圆柱形状，双手交叉在胸前，姿态是程式化的。不仅如此，他们的头发、胡须的造型也和大型雕像一样，这反映出苏美尔人很注重头发与胡须的审美意义。

目前，全世界的博物馆中零零散散地收藏了500多件苏美尔时期的献祭者雕像。这些雕像中既有男性又有女性，他们一般都是直立的造型，但也有一些座像。这些男女通常都把双手交叉放于胸前，但是也有些雕像的手中会持有酒杯或棕榈叶，更有意思的是，他们的手中可能还会拿着苍蝇掸子。

有20%的献祭雕像上刻有题字。大多数的内容都很简单，主要是人名和一些补充信息，诸如血缘关系、头衔和职业等，也有神的名字以及王的名字。长一些的句子内容则包括有关雕像功能的清晰描述，他献祭的场合等。例如有些铭文中明确指出雕像是为了延长主人或与国王关系密切的人的寿命而祭献的。

巴比伦时期遗留下来的雕塑很少。在马里发现的一座"手持流动液体的石瓶"的女神像，运用的基本是传统的雕刻手法。女神手持石瓶，瓶中流出象征能带来丰收的液体，流出的水纹和女神的衣纹在交接处巧妙地融为一体。

  在苏撒山区发现的一尊由黑色花岗岩雕凿而成的帝王头像与《汉谟拉比法典》石碑上的帝王形象十分相似。他们都头戴宝冠，长髯编织成规则的纹路，眉毛的造型保持着苏美尔、阿卡德时期的古老传统——两眉相连，进而形成呆板的半圆形。还有一个青铜小雕像，他的脸和手都镀上了黄金，他跪着在那虔诚地祈祷，是一个神态动人的供养人形象。

  到目前为止，考古学家很少发掘出亚述时期的圆雕雕塑，只有几尊孤立的王族肖像被世人发现。圆雕刻画的人物往往采取固定的正面僵直姿势，因而其形象会给人一种呆板、无趣的感觉，其工艺水平次于浮雕艺术。

浮雕艺术

  浮雕艺术几乎同美索不达米亚的历史一样古老，在各城的神庙里都有着关于某种题材的浮雕作品。浮雕一般镌刻在正方形的石灰石板上，石板中部会留有空隙。在这一点上，我们推测石板制成后将会被固定在某一地方或挂在神庙内的宗教礼器上。这些石板上镌刻的题材主要是颂扬被画之人为神祇大兴土木的业绩和记录下为此举行的庆典，或是刻画出军队挺进、战胜邻邦的光辉战绩。

  早王朝时期描绘的国王浮雕，往往在其衣裙上会刻着君王的名字。在拉伽什发现了一座雕刻着国王及其家人的浮雕，在画面上半部分国王头顶一个装有建筑工具的大筐，在他前面站立着家人。在下半部分，国王端坐着，家人簇拥在旁，似乎是在一起庆祝佳节。在整幅画面中，国王的形象比他的家人高大许多，他和家人们的名字分别刻在了各自的衣服之上。

  安那吐姆石柱，又被称为"鹫碑"，是苏美尔浮雕中的杰出典范。这一座纪念碑是用来歌颂拉伽什城邦统治者安那吐姆击败毗邻城邦君主乌玛所取得的战绩。这块石碑还有一个功能——边界界石，上面铭刻着征服者与被征服者之间达成的契约。从石碑上层的画面中，可清楚地看到安那吐姆王正率领军队前往战场的景象，后面跟着的部下呈方形列队。士兵们头戴战盔、手持长矛、举着大块盾牌，盾牌紧连在一起以作掩护。下层画面中画着国王站在战车上，正高举长矛，指挥着士兵与敌奋战。石碑背面描绘的场景是国王象征性地把胜利的成果归于战神之子，画中俘虏被囚困在一个网中，狮首鹰在一旁看守着。在石碑的一个断片上还雕刻着一只飞翔的鹰，它的嘴中含着一颗敌方士兵被砍下来的头颅。石碑上的题字解释着画面中的内容：拉伽什的军队获得了胜利，并且国王宣布，被打败的乌玛居民必须向拉伽什的神祇献纳贡品。

这件浮雕体现出苏美尔人创作纪念性浮雕的基本规律。画面用水平线分隔成为许多段，不同的节段上记录着一个事件中不同时间段的情节内容，然后这些画面共同组成了整个事件的发展过程。在这里，所有被描绘者的头部都被安排在同一水平线上，同时，国王与神祇的形象往往比较高大，以突出他们和众人的区别。

阿卡德王朝的兴盛期从奠基人萨尔贡皇帝开始一直维持到第4代皇帝纳拉姆辛时期。这个时期艺术作品的表现重点由从对神的尊崇转向对王权政治的歌颂，突出了其为帝王歌功颂德的功能。

在阿卡德时期，浮雕艺术在画面的整体设计上已经有了明显的变化，即通过在一个大画面中反映出整个故事内容并安排好各种人物在画中的秩序，同时现实主义倾向也得到了一定的发展。在苏撒和拉伽什两城中，考古学家发现记载阿卡德诸王功德的石碑，在这些石碑中最清晰可辨的是萨尔贡之孙纳拉姆辛的庆功碑。

纳拉姆辛石碑高2米，红砂石质地。上面记载了当年纳拉姆辛远征山区少数民族的历史事迹。整个石碑刻画的只有一个雄伟壮观的场面，身材高大的纳拉姆辛立站在山上，手拿弓箭，神态高傲。遭到致命打击的敌人正在向他求饶，他们中有的人已被标枪刺中仰面倒下。两排士兵以崇敬的目光注视着皇帝，使他的形象处于整个浮雕画面的中心。纳拉姆辛的头盔上附有角状的装饰物，这是代表神权的冠状头饰，也是王权的象征。他是第一个被奉为神的皇帝，他既是帝王和祭司，又是女神的配偶。画面中闪光的星星是神的象征，表示纳拉姆辛是在诸神的支持下才取得这辉煌的胜利。在小山造型的浮雕上还刻有长篇楔形文字，记载着他们这次远征的经过。这幅浮雕中的画面构图没有采取传统的横段模式，而是运用了新的对角线结构，但在人物形象的处理上仍然保留着早王国时期的原始气息。

乌尔第三王朝时期的浮雕承袭了早期苏美尔雕塑艺术的传统，用分层的办法来镌刻不同的画面。这一时期的代表作品是乌尔纳木纪念碑。它的画面分层排列，题材各自独立。画中国王在月神南纳的面前虔诚地洒着圣水，神和国王穿着不同的服饰。

古巴比伦中的雕塑作品被较好保存下来的为数极少，从这些仅有的艺术作品来看，巴比伦人在这方面并没有什么创新之处，他们只不过在一定程度上继承了苏美尔和阿卡德人的传统。《汉谟拉比法典》是这一时期的著名代表，在上文中我们已经详细介绍过，故在此不再赘述。

亚述浮雕最出名的是宫廷浮雕作品。它们开始具有一种真正的审美意义，表现了亚述人在雕塑艺术方面伟大的创造成就。亚述雕刻只含有较少的宗教色彩，其刻画主体最常见的是国王，并具有很强的现实主义色彩，如表现国王阅兵、休息、接受贡品、率军打仗、打猎散心等活动的场面非常多，而几乎从未见到国王担任祭司职责的场面。妖怪、半神和英雄的形象也时有记录，但比起国王的出现次数他们明显少得多。

一般看来，亚述雕塑艺术想要表现巫术和宗教含义的意识是极其淡薄的。亚述浮雕喜用极为写实的手法来表现战争、狩猎等惊心动魄的紧张场面，这是因为亚述人天性尚武好斗。他们是一个强大的军事化民族，他们作战凶猛、为政严苛,尤其喜欢在宫廷浮雕作品中表现战争和军事带来的强大力量。在尼尼微发掘出土的萨尔贡二世的行宫中,人们惊奇地在这里看到了亚述全盛时期高超的造型艺术。其中有大量的浮雕作品反映了宫廷生活的富丽豪华,战斗拼杀的残酷激烈和猎狮场面的惊心动魄。在宫殿门口的两侧立着巨大的神兽,它们有着人头、狮身和牛蹄,身上还长有巨大的飞翼。这种外形奇异的神兽形象后来成为西亚守护神的代表。这些堂皇大气的装饰品和象征物无疑都是用来颂扬国王功绩和显耀军事威力的。

在这里,我们要向读者介绍几件非常著名的亚述浮雕作品。

《亚述帝国的战争》浮雕,表现的是国王亚述巴尼拔率领士兵攻打一座城堡的一段历史:沙场上战车急驰,横尸遍野,一片悲壮凄凉。亚述巴尼拔身先士卒,他站在战车上向敌军射着箭,士兵们则凶猛地冲向敌方。城堡中的敌军仍在奋力抵抗,组成密集的弓箭队来抵抗亚述军队的进攻。国王身旁一名负责驾车的车夫已经受伤倒下,但国王仍镇定自若地指挥着部下。整幅浮雕采用了散点透视的手法,构图宏阔,同时各种道具、衣饰和建筑物等细小的部分也刻画得十分精致。浮雕上还刻有文字,记载着这场战争发生的历史背景。

一些刻有猎狮活动的浮雕也是亚述雕塑中的优秀作品,《抬着击毙的狮子的猎人们》、《垂死的狮子》、《负伤的牝狮》是其中的杰作。强大猛兽和人类之间的殊死搏斗场景充满了较强的戏剧张力。其中,《负伤的牝狮》描绘了一只勇猛的狮子已身中数箭而对天发出哀鸣,后半部分的身子虽已瘫倒在地,可是健壮的前爪仍在顽强支撑着身体,想使自己从地上站起来。母狮昂头怒吼的形象,显示出其生命垂危之时的狂怒与悲愤。

《战后的休息》浮雕表现的是亚述巴尼拔国王战胜埃兰之后,在御花园中举行庆功酒会的盛大场景。在棕榈树林中的凉亭里,亚述巴尼拔斜躺在卧榻上与坐在他面前的王后举杯欢饮,他们衣着华丽,身上佩戴着各种金银珠宝,与这种场面形成极大对比的是埃兰国王的脑袋挂在了一旁的树上。王后身边的乐师们正演奏着令人愉悦的乐曲。这幅浮雕不仅把亚述国王获得战争胜利后的得意神情表现得淋漓尽致，而且描绘了亚述妇女的形象，这种情况在当时是极为少见的。

印章艺术

美索不达米亚有一种特有的圆筒印章，这种印章是在圆筒形的材料上进行雕刻，印材多为石头，内容一般为文字、动物以及神话中的故事。如果将印章放在柔软的粘土上滚动，粘土上就会显示出连续性的图案，如小型浮雕一般。印章在乌鲁克时期就已出现，到了阿卡德时期，印章艺术已得到很大的发展，它们题材丰富，镌刻精美。这一时期，印章雕刻者的高超技艺以及他们在构图方面的开拓创新，给美索不达米亚的雕刻艺术带来了新的标准。

在苏美尔早王朝时期，印章最常见的刻画主体就是人和动物以及长得似人的"防卫者"。在这种防卫者中还出现了一种留着长胡须的"英雄"和系有腰带、头上长角且在角上装饰着边锁的"牛—人"。这些图形线条复杂，但这时还没出现立体构图的表现手法。到了早王朝的后期，印章制作技术有了很大的进步，雕刻手法更加娴熟。刻画神话或宗教仪式是这时印章的主题。之前狮子和"护卫者"这一类主体的形象到了这个时候已经被描绘得非常细腻了，图案通常被水平地分成两栏，画中场景与场景之间常用带框的铭文相隔。

阿卡德时代，印章上的图案是一系列相互独立的画面，它们之间的间距也在增大，而且人们开始更加注意印章的装饰效果。神话、宗教题材仍是印章中的主要刻画对象。

阿卡德王国消亡后，印章艺术也随之没落了。民间喜闻乐见的题材不见了，人们在当时的印章中再也看不到像吉尔伽美什这样的神话人物或苏美尔的神话故事了。宗教题材取代了一切主题，其中大多刻画的内容是印章主人站在城邦保护神面前侍奉他们的情景。

亚述时期，印章内容的主要选材回到了苏美尔时期的特色，主要表现的是狩猎和动物。到新巴比伦时期，平面印章开始流行并渐渐取代了圆筒形印章，内容既有狩猎题材，也有一些宗教题材。

镶嵌艺术

由伍利发掘出土的乌尔王陵中，《乌尔军旗》是其中非常有名的艺术品之一。《乌尔军旗》是第779号墓中的两块镶饰板，它们是乌尔王出征时使用的门旗，也是庆功所用的旗帜。

其中第一块饰板描绘的是打仗时的情景，上下共分为三层：最下层的内容为军队的出征与归来。那时战争中使用的战车是四轮的并且由四头驴子拉着，车上站着驭手和战士。右边第一辆战车象征出征，第二辆战车下面躺着敌人即表示获胜。中间一层表现战斗中与战胜后的军队行列，战士中有穿戴盔甲的，也有披着毛毯、斗篷的。他们的动作也不尽相同，有的手持短矛与敌人搏斗，还有的正在押送俘虏等。最上面一层的画面中，站立在中央位置的是乌尔王，他侧身向右，手拿长矛，在左右士兵的陪同下，正在视察战俘情况。整个画面中，两边人物安排得并不对称，但疏密有序。人物身体位置以正身、侧面、侧足为主，所有的形象倾向于使用平面的描绘手法。色彩鲜明，镶饰板的四周和各层之间用几何图形框隔着，从远处看起来很像一幅挂毯，具有浓厚的装饰性。

第二块饰板则描绘了举行庆功宴时的场景：最上层的内容画的是国王与众臣相对而坐，举杯畅饮；中间和下面两层描绘的则是运载战利品的场景，有的士兵在驱赶牛羊，有的士兵在用马匹驮运货物，这些队列都很长，整个队伍浩浩荡荡地开往王宫。这两块镶饰板全由贝壳、闪绿石、粉红色的宝石等镶拼在以沥青为底的底板上，做工非常的精致漂亮。

《乌尔军旗》上记录了乌尔的一段光荣历史，一位法国考古学家称它是"战争与和平之旗"。现在这两块镶饰板被保存在了伊拉克的巴格达博物馆内。

壁画艺术

在美索不达米亚大多数的宫殿及民宅的墙上都装饰有壁画。壁画的形状根据房间的大小与用途而灵活变化着。壁画通常以横着的带状方式排列，覆盖大部分的墙面。上面的内容主要有花纹、动物、战争、行猎、国王肖像等。由于壁画的保存程度跟建筑物遭破坏的情况有很强的关联性，所以能较好保留下来的壁画数量极少。

古巴比伦时期的马里王宫中的壁画是唯一保存较好的绘画文物。这幅作品的装饰效果、装饰性花边和绚烂的色彩非常引人注目。壁画描绘的内容是马里国王的授权仪式，图案由上、下两栏构成。在上栏中，国王身穿华丽服饰并戴着"马球"形状的头饰，他正在从站在狮背上的伊什达尔的手中接过神圣的象征物，他的身旁还有其他诸神。下栏是两位面对面站着的女神，她们身着镶有荷叶边的衣服，手持流淌出水流的花瓶，这些水流在画面的周围形成波浪形花纹。画面的两侧有高高的饰板，上面画有棕榈树和其他经过风格化手法处理的树木，树丛中有鸟、兽和神明。

工艺美术

苏美尔人是古代杰出的工艺美术师，他们为后世留下了大量精美的工艺品，如小铜像、黄金短剑、金杯、金碗、金头盔、乐器等。

在乌尔王朝时期，金属加工技术有了长足的进步，乌尔陵墓中保存的工艺美术品显示了美索不达米亚人异乎寻常的抽象思维能力，那时的工艺家从自然界得到灵感，同时还将自己对生活的理解融入到作品创作之中，创造出了数量丰富的极具象征意义的艺术形式。

首饰工艺

在乌尔发掘出的墓穴中躺着一位在当时应该是地位很高的妇女，她佩戴着精致而美丽的珠宝，发髻上戴着金发箍，发箍上饰有吊着白杨叶的花圈，还有玛瑙、水珠石制成的手镯，六枚金丝指环以及镶着珠子的袖饰。在她的周围还摆放着镶嵌有贝壳和花卉的银梳子，新月形的大金耳环，两个金发卡和三朵金制蔷薇花，花儿的茎杆是银的。考古学家为这些经过精雕细琢的饰物所吸引，它们展示出了苏美尔时代的珠宝首饰的造型、风格以及制作工艺。

金饰

金属工艺在美索不达米亚有着悠久的历史。在公元前4000年至公元前3000年的这段时间里，苏美尔人已经掌握了铜、银、金等金属的锻造、冶炼技术。从属于苏美尔时代的乌尔王陵中考古学家们发掘出了许多金属制品，从直观上来讲，专家们从中可以感知到金属这种较为贵重的物品在当时的社会中多被上层阶级所使用。

到了苏美尔时期，黄金制品无论是在制作工艺上，还是装饰风格上都已达到了十分纯熟的阶段。乌尔大多数的黄金很可能来自阿富汗北部地区，在那里，金矿和青金石矿相距得很近，青金石矿出产一种贵重的蓝色石头，许多饰品都要用到它作为装饰之物。

苏美尔的黄金制品从外表上看很简单，却能散发出一种迷人的魅力。众所周知，黄金的可塑性非常好但硬度较差，故纯金制品比较容易损坏和变形。为了解决这个问题，增强黄金的硬度，人们想出了一些应对的方法。他们将黄金与其他材质混合在一起，比如青田石、贝壳、木材等。更独树一帜的是人们发明了黄金与沥青的搭配，沥青的玄青色与黄金的璀璨光泽形成鲜明而强烈的对比，给黄金制品增加了一种独特的美。

黄金特有的韧性被苏美尔人运用得淋漓尽致。金银丝细工，是一种用金属丝制作装饰图案的技术。在苏美尔时期，大多数珠宝首饰都是由金丝制成，这些金丝可以做成螺旋形状或盘扭成更复杂的造型，也可以用来包裹沥青内核然后将其捶打成金箔。

许多首饰的末梢会与不同质地的金属通过一种低熔点的焊接技术连接在一起。各种金属本身的材质集合在一起后，能给人以华美之感，其细腻程度令人叹服。

基本元素——彩珠

种类繁多的珠子是大多数珠宝首饰——王冠、项链、发箍、袖饰、披肩等的重要装饰元素。在苏美尔时代，那些美丽的彩珠由各式各样的材料做成，既有贵重的金属和矿物材料，比如金、银、青金石和红玉髓，也有较为普通的一些物质，比如铜、玛瑙、碧玉、贝壳和骨头。

考古学家伍利曾根据出土的珠宝形状和其表面的处理方式，分出了24种彩珠的类型。除了最为常见的两头为锥形的珠子，其他常见的类型分别有枣椰形、圆形、顶部为锥形的圆柱形、椭圆形、菱形、泪滴形等。其中，有些珠子表面光滑，有些则会在其表面覆盖一层其他的材质，还有一些珠子上会带有镶嵌物和垂直的凹槽。有时，人们会将彩珠与一些单个或多个的植物和动物形垂饰或护身符一起佩戴。

音乐艺术

自从公元前4000年以来，美索不达米亚出土的各个历史时期的资料都有关于音乐表演的内容。一块属于约公元前3000年初期的献祭板上刻画了一次宴饮的场景，里面就有音乐表演的景象。在一些石柱和高大的石板上也常常刻有音乐表演的图案。在楔形文字中，有许多直接或间接跟音乐有关的词语，同时，还有着许多乐器的名称。

在苏美尔早王朝时期的宗教传统中，音乐是祭神活动的重要组成部分。乐器被看成是神圣的祭祀用品，人们以乐器演奏出的音乐来为诸神献祭。在重要的节庆活动中，如神庙或王宫的奠基仪式和落成典礼，新年庆祝活动等，音乐同样有着重要地位。

苏美尔的宗教歌词多数在乐器的伴奏下念诵或吟唱出来。苏美尔人已经学会用一些记号来表示某些音乐符号。在宗教礼拜的仪式中，乐器的使用有着相关的规定。在亚述时期，除了由四五名乐师组成的较小型的乐队之外，还有人数众多、规模较大的乐队，类似于今天的大型乐团。

在那个时期，一个国家对乐师的培训也是非常重视的。在学习期间，年长、有经验的乐师会对学生进行实践性教学，此学生的父亲将为三年课程交纳学费。值得提及的一点是，盲人也可以当乐师。在那些祖父辈都以乐师为职业的家庭里，父亲就是子女们的音乐教师。

美索不达米亚地区的乐器类型十分丰富。在乌尔王陵中考古学家发掘出了几件竖琴，其中有一件保存较为完好，被称为牛头竖琴，是从普阿比王后的陵墓中出土的。这只竖琴大部分的琴身由木板制作，在共鸣箱的前方有一个精致的牛头形装饰物。牛头主要由纯金制成，青金石镶嵌出牛角尖、牛头前额的卷曲毛发，而牛眼则用到了贝壳和青金石。牛头镶嵌在天青石、贝壳、红色石灰岩与沥青黏合而成的底板上，共鸣箱的上面刻着以英雄、动物和半人半兽为神话故事主体的四组场景。每幅场景中，主体都呈象牙色，其余部分在被剜空后填入了黑色天然沥青以作为背景，突显出画面中的神话形象。

在这四幅画中，最上面的一幅标题名叫"动物的主宰"，它是两河流域艺术品的代表作之一。在这幅画上，居中的是一位全身赤裸、仅在腰间系一条编织带的英雄，他的左右胳膊分别揽着只用后腿站立的人首公牛，整个造型显得英武而神勇。经专家鉴别，这位英雄即是巴比伦神话中的"拉赫姆"——保护和行善之神，他每一次出现身边总是伴随着人首公牛。紧连着的一幅画中有一只土狼和一只狮子，他们均呈人形站立姿势，正在为一场宴会忙碌地捧送着食物。土狼的腰带间插有一把匕首，他手捧一个容器为主人进奉着肉块。狮子则一手持一个大罐，一手托着一只杯子或瓢，大概它负责为客人们倒饮料。第三层的画上，一只驴坐在那儿，正在弹奏着具有牛头装饰的七弦琴，驴的旁边站着一只熊，似乎他的职责是固定好这架琴。最下端的画面，描绘的是一个长着蝎尾的神话人物，他举起的双臂上各持有一件用途不详的物品。他身后站立着一只羚羊，羊的双手各持一个大口杯。

在苏美尔文明早期的艺术作品中，通常都是描绘全身赤裸、长着胡子、作为主宰者的英雄以及神话人物形象，但像这组雕刻在乐器之上反复出现拟人色彩强烈的动物形象却是十分罕见的。

苏美尔时期还出现了类似小号的乐器、框式鼓，以及对击棒、对击板、铙钹等。在阿卡德人统治时期第一次出现了琉特琴，这种琴有着棒状的长颈和很小的音箱。在古巴比伦时期出现了一种新的竖琴——三角竖琴。到了亚述时期，三角竖琴分化为水平形状和垂直形状两种，琴弦数量也随之增多，水平三角竖琴有8至12根琴弦，垂直三角竖琴有15至22根琴弦。

第八章　日常生活与风俗

风俗习惯

美索不达米亚的历史悠久，文明发达，所以风土人情多姿多彩，丰富异常。其中，还有许多独特而有趣的风俗习惯。

在一份记载着稀奇古怪的医方中有一段这样的话："如果一个人喝了过量的烈酒，如果他的头脑混乱，如果他忘了词，说话变得含混不清，如果他的眼睛变得呆滞，那么他需要得到治疗。一天晚上在某一个女神前把药和油、酒混合在一起，在太阳升起前，在任何人还没有亲吻病人之前，让他把药给喝了，他就会痊愈了。"由此可见，生活在古代美索不达米亚的人们在早晨见面问候时有着相互亲吻的习俗。

王宫和富人家里都有自己专用的浴室，而普通百姓就只能在运河岸边或院子里的水池中沐浴。人们还发明了蒸汽浴，他们待在一个密封的屋子里，然后把水倾注到滚烫的石头上，蒸汽随之产生。这种休闲方式，既能放松身体，又能有效地排出体内的毒素，非常受人们的欢迎。

在那时候，人们常把油涂抹在身体和头发上，这样一方面能使因气候干燥和风沙侵袭而变粗糙的皮肤恢复柔软，另一方面也能除掉藏在头发里的虱子等寄生虫以及虫卵。

美索不达米亚人的家具种类也十分的丰富，有床铺，桌子，带有椅腿、靠背和扶手的椅子，凳子，木制的储藏柜等。床在亚述浮雕中就曾出现过。在一些医学文献中也常提到患者会躺在床上养病。人们在祭神时经常使用到桌子，人们吃饭时也用桌子。椅子在王宫中非常常见。当时的人们还学会了使用取暖设施，在王宫遗址中出土了室内壁炉和火盆。这些火盆通常由铜制成，上面装饰有狮子的图案。

美索不达米亚地区还出现了妓院和妓女。妓女常常会在大街、广场、啤酒店等公共场所或直接坐在妓院门口招揽客人，其中，啤酒店是妓女经常光顾的地方。根据资料显示，当时这种职业的收入是很可观的。在神话《伊什达尔降至冥府》中曾写到因女神伊什达尔不在，大地上所有的生物都陷入了休眠的状态，"男人不能躺在街上年轻女人的怀中"。在亚述法典中可看到，公共广场被提到是卖淫的地方。例如在亚述法典里就有规定："如果某个女人向男人做出一种手势（从上下文可以看出是卖淫的意思），而那人却要以誓言揭发她，那么她应交出50明那铅，并应接受20杖责。"自由人妇女要戴面纱，因这是其地位、身份的标志。奴隶或妓女则是没有资格佩戴面纱的，她们若被发现头戴面纱，则会遭到相关的惩罚。如亚述法典规定："……妓女不应罩住，头部应露着。谁看到罩住的妓女，应把她抓着，并提供证人，把她带到宫廷的大门前。她的珍贵饰物不许私自取走，抓到她的人可以去取她的衣服。她将受到50杖责，头上将被灌以松脂……女奴不应罩住，谁看到罩住头部的女奴，则应把她抓住，并送到宫廷的大门前。她将被割掉耳朵，抓她的人可取走其衣服……"

苏美尔时期产生了供贵族子弟学习的学校，他们在课余时间进行的游戏即为体育的萌芽。公元前19世纪后出现了祭神竞技，如为祭祀马尔都克神而举行的祭祀竞技的主要内容是赛跑，抓到战车上的缰绳即为获胜者，获胜者将得到亲自迎接国王的特权。节日期间进行的娱乐活动有抱腰式摔跤、战车赛、拳击、击球、击剑、战斗演习和舞蹈等种类。各种形式的摔跤是主要的娱乐形式之一。在《吉尔伽美什》中就有关于吉尔伽美什和恩奇都进行摔跤比赛的记载。在亚述，最有名的体育运动是国王带领组织的田猎，这种活动具有强烈的宗教色彩，射杀狮子和其他野兽是国王所拥有的神圣职责。到了后来，这项活动转变成人们将事先捕捉一批狮子，然后把它们关养起来，田猎时再全部放出来由国王射杀，以彰显国王的威严。王室捕杀狮子的活动成为一年中一个重要的仪式。

服装及其饰物

男式服装常见的款式是这样的，他们常用三角形织物绕身包裹，包裹好之后在腰间用腰带将其扎紧，从而形成参差不齐、错落相间的效果，里面穿直筒紧身长衫作为里衬，长衫有时为对襟样式，敞开，无扣。有时，他们也只单独穿着紧身长衫，其边缘有刺绣花饰，下摆还有流苏饰物，在紧身长衫的腰间束上腰带。女装样式与男装大体相同，只是略为宽松些。苏美尔妇女的大衣看起来颇像一条大围巾，一端搭在左肩后面，另一端缠过前胸从右臂下来，再由背后向上绕过左肩以遮盖左手臂，最后只将左手露在外边便于活动。亚述时期，出现了附有短袖的束腰外衣。

服装布料除亚麻外，人们经常还用到卡乌那刻斯。据考证，这是一种羊毛衣料，它的纺织方式是在经线上用纬线结成扣环状以仿羊皮模样。到古地亚时期之后，民间不再使用这种布料，只有为神像制作衣物时才会用到。

服装的颜色主要以红色、绿色、蓝色和紫色为主。其中，绣金边的紫色外衣为国王专用。

在饰物上，妇女的衣领上常绣有散开形的玫瑰花结的精致图案。古代的苏美尔男人通常留有长发，那时男人固有的发型是将头发由中间向两侧分梳，头发垂过肩。偶尔也有男人把头发剃光了或剪成短发的，这可能是因为要参加某种宗教仪式而特意留的。男女都会佩戴金银耳环、项链和镶珍珠与宝石的手镯。国王的头饰上会有绣花并且镶有宝石，有时还会在头顶上插一圈小羽毛。贵族们的头饰上也都镶有珠宝。亚述时期妇女的头上缠有薄布，她们在外出时必须用薄布遮住面孔。遮阳祛热的伞和扇子只有贵族才被允许使用，当他们外出时，伞和扇子由随从拿着。

农业生活

苏美尔人种植的作物中包括大麦、鹰嘴豆、小扁豆、黍子、小麦、芜菁、枣椰、洋葱、大蒜、苦菜花、韭菜和山葵等，他们圈养的牲畜有牛、绵羊、山羊和猪等。家牛是他们主要的驮物牲畜，驴是主要的运输牲畜。苏美尔人不仅擅长耕种，还会打鱼和猎鸟。

苏美尔农业的发达依赖于庞大的灌溉系统，这个系统由运河、水渠、堤坝、堰和水库组成。水渠和运河必须常常得到修补，同时还要及时清除淤泥。政府设有专门管理水渠和运河的部门，富人有着他们自己单独使用的水渠。

农民使用运河的水来浇灌他们的田地，然后用牛来犁田。地变干后，他们用鹤嘴锄来锄地、耙地。

苏美尔人在秋季收割农作物，收割时一般由三人组成一个队伍。农作物收割好了后，他们再用碾石来分离谷粒和茎，用打稻棍分离谷粒和麸皮，最后再将分离好的谷粒和麸皮风干。

饮食结构

在美索不达米亚，普通人的饮食较为简单，妇女、小孩只食用较小的份额。在多数情况下，尤其在公元前1000年左右的时候，人们的饮食规律一般是一日两餐，早、晚各一餐。对于富人来讲，通常一顿饭要包含有面包、啤酒和肉，除此之外，高热量的油脂食物，如加了蜂蜜的点心也较为常见。在一块泥板文书中记述了一个富人家中一顿饭所吃的食物，它们包括：面包、发酵的饮料、点心、鱼、蔬菜以及牛羊肉。蔬菜和水果受到穷人们的欢迎，因为它们的价钱比较便宜，也能让人们从中汲取到所需的营养。当时，由于缺乏燃料加之气候炎热，所以人们时常都会吃生冷的食物，除非有需要，才会用灌木来把它们加热。

对于普通百姓来说，他们一般只会在特别的场合才吃肉，通常是祭祀时牺牲过的动物。不过，人们是非常偏爱肉食的，在一份租佃合同中我们看到了这样的规定，即主人对于佣人来讲，除负责他们正常的饭菜外，还要多给一份肉。在富人举行的宴会中常会有美味的烤羊羔。牛或猪的那些在腰部的软肉价格是比较贵的。肉一般用油炸或火烤的烹调方式，肉汤也是富人餐桌上常见的佳肴。富人们还会雇用职业猎手为他们打鸽子、鸟、瞪羚、野兔、鹿等野生动物。

食物

谷类是耐寒作物，它的这种特性非常适合美索不达米亚的气候和土壤条件。谷物较易种植，不需要太多照管。因为种谷物不需要付出太多劳动却又能获得大量的收成，而且比较容易保存，用船只运输损耗也少，所以谷物成为了美索不达米亚人的主食之一。此外，大麦、小麦、燕麦、小米、黑麦、玉米、大米和高粱都可以用来煮食。人们把大麦磨成粉，与水混合揉成面团，然后将面团放入炉中烘烤，这样就制成了未经发酵的面包。这种面包不易保存，只能当天制作当天食用。后来，人们开始用酵母来制作发酵的面包，这样的面包能够保存数天。

面包、糕饼等面食在巴比伦人的家里是常见的食品。面包的种类很多，可以混合各种原料制成，如中间掺以牛油、蜂蜜、水果、牛奶、果汁、乳酪等，其方法已和我们现代面包的做法非常相似。

肉类是两河流域中价格比较贵的食品，牛羊猪以及各种家禽、鱼类都是肉类食品的来源。此外，他们也食用各种蔬菜和香料。那时的人们已经开始讲究烹调艺术，考古学者在文献中还发现了巴比伦时代所使用的食谱。

蔬菜

当时的美索不达米亚人把蔬菜称为"绿色的东西"，当一个人饿了的时候，他常会说他肚中绿色的东西太少了。在那里，最常见的蔬菜可能是洋葱。同时，小扁豆、鹰嘴豆、蚕豆、豌豆等也被广泛食用，这些蔬菜通常是放在汤里的作料。在《吉尔伽美什》中还提到过吉尔伽美什曾用鹰嘴豆作为祭祀用品："他（吉尔伽美什）把他的鹰嘴豆倒在坑中，说：山啊，赐给我一个梦吧……"大多数豆类作物的蛋白质含量都非常丰富，对穷人来讲，这可以用来替代肉类。

黄瓜和各种葫芦科蔬菜、卷心菜也已被人们食用。海枣是糖的重要来源，是日常食物中的重要组成部分。人们还从棕榈树中采摘出一种类似于芹菜的精美食物。

水果

美索不达米亚出产的主要水果有苹果、石榴、海枣、无花果、橄榄、杏、枣、葡萄等。海枣树的种植情形在艺术作品中就有反映，另外一份经济类文书中还提到："他将做一个绿色的树篱，紧挨着海枣树，它将保护新鲜的嫩芽；他还要挖一条沟……"

巴比伦人极爱种植棕榈树，为了使棕榈树能够大量繁殖，人们经常摇动树干使雄花落于雌花之上。今天西欧的葡萄及橄榄，是经希腊罗马人之手从遥远的巴比伦传来的。

啤酒

能被证实的啤酒酿造历史最早可追溯至公元6000年以前，在古代苏美尔地区被后人发现。可以说是苏美尔人最先把酒奉献给了人类。远古时期的壁画展示了古代啤酒的酿造工艺。苏美尔人用发芽谷物酿造啤酒，他们在陶坛中用水浸泡大麦，然后埋入地下。大麦发芽后再拿出来晒干，将发芽大麦磨成粉末制成面包，此时，淀粉酶将淀粉转化成麦芽糖。之后再将面包捏碎加水取其汁液放入陶罐中，天然酵母开始发酵，酒精饮料因而制成。历时文献中描述在喝过这种饮料后人会产生一种"兴奋、惬意和喜不自胜"的奇妙感觉。苏美尔人经常会进行战争，每当苏美尔人打了胜仗的之后，他们都要饮用啤酒来庆祝胜利。

在考古发现的大量泥板文书中，专家们还发现了公元前3000年苏美尔人写给啤酒的赞美诗："在欢愉中啜饮啤酒，我心愉悦，我身舒畅。"在一幅壁画中，还描绘了苏美尔人正在举杯畅饮的情景。在创世神话中，诸神在饮完美酒后变得跟常人一样，他们在酒精的作用下显得十分兴奋，有诗句这样写道："甜甜的酒把他们的恐惧驱除，他们狂饮欢宴，他们的身体膨胀，他们变得非常疲倦。"在《吉尔伽美什》史诗中也讲到：半人半兽的勇士恩奇都命中注定将成为吉尔伽美什的朋友，当恩奇都变成文明人后有一个强烈的想法，那就是喝酒，"他喝了酒，喝了七次，他的灵魂自由了，他大声喊叫，他的身体充满了幸福，他的脸变得通红。"

酿酒师在当时是一种很受人尊敬的职业，当时的酿酒师全是女性。

当苏美尔王朝衰落之后,巴比伦人接管了美索不达米亚平原。巴比伦人从某种程度上还促进了啤酒酿造技术的发展,他们知道如何酿造20种不同的啤酒,其中8种用小麦酿成,8种用大麦酿成,而另外4种则用混合的谷物酿成。在那个时候,啤酒不能拿来出售,而只能用来换取大麦。用啤酒卖钱的行为如果被发现,贩卖者将被判以一种死罪。曾经有一位小客栈的老板娘因用啤酒换银子而被汉谟拉比国王下令溺死。同样,那一些提供劣质啤酒的客栈老板也可能遭受同样严重的惩罚。

巴比伦人最先将啤酒输出到其他地区,他们的一种窖藏啤酒深受1000公里以外的埃及人的欢迎。

在古巴比伦,女酿酒师同时还有另外一个身份,那就是担任祭司。有几种啤酒会被她们留下来以专供神庙祭典的时候使用。

美国纽约大都会博物馆的一块古代泥板上罗列了巴比伦时期啤酒的种类:黑啤、白啤、红啤、三叠啤、有泡啤酒和无泡啤酒等。泥板里还记载了当时的人们用麦秆作吸管来喝啤酒的行为习惯,皇室成员则使用由黄金制作的吸管,黄金吸管很长,可以从国王的王位伸到附近贮藏啤酒的大容器里。

牛奶

当时的人们从绵羊、山羊、奶牛那儿获得鲜奶,不过在那个时候,人们不是把它当作饮料而是与其他食物一起食用。鲜奶可以做成酸乳酪、奶酪或黄油。人们还很喜欢一种将奶油和蜂蜜混在一起的奶制品。来自于公元前3000年中叶的一块镶嵌板,上面反映了当时鲜奶及奶制品的生产情况。小牛被放在母牛面前,这个举动为的是使母牛能更快地产奶。这还从侧面反映出,苏美尔人对动物的行为方式有着细致的观察。挤奶的人坐在奶牛身后的凳子上,另一个人在一旁摇晃着一个带塞子的大容器，以防止乳脂凝结；在镶嵌板的左边画面中描绘的是另一对人正在过滤牛奶混合物以把奶和黄油分开。早期盛奶的容器，是用动物的皮革或肚制成的。

油

  油在人们的日常生活中所占据的地位仅次于水。在一封写于公元前1000年的信中曾有这样的一段话："愿我主的统治像水和油一样施于所有的土地和人民。"在亚述法典中，有一句条文说道，丈夫抛弃了他的妻子，但"没有给她留下油、羊毛以及衣物"。这些资料表明，油在当时的社会中得到了人们的广泛使用，是非常重要的生活必需品之一。由于油的重要性，所以一个国家对其控制价格也是必要的。一份萨尔贡国王的铭文中讲道："使人体舒适的油在我的土地上不应太贵，芝麻卖价应与谷物一样。"

  除了香料、金属、服装和动物以外，油是商品与宫廷贡品中的一个重要组成部分。在约公元前2000年的一份文书中提到，有一份进贡品是23碗优质油。

  油在当时受到人们的重视还表现在盛油的容器常常是用珍贵的银、石头以及象牙制成，并且还有着华丽的装饰。这一点从苏美尔早期到亚述时期的盛油罐和盛油容器中都有发现。苏美尔——阿卡德时期，油在文学作品中也常被作者描述到。

  有一份词汇表中提到了各种类型的油，里面包括芝麻油、精制油、新鲜的甜油、加蜂蜜的油、最高质量的芝麻油等。在这里，新鲜的甜油和加了蜂蜜的油是用来作为香料油的。在公元前1000年左右的一份文书中，提到了有3种香料被用来制作香料油。同时，这个时期的另一份文书中提到人们用香料油来神庙刷门。

  油在人们的生活中是如此重要，那它是怎么榨取提炼的呢？在古地亚预言书中提到过一种在芝麻中加水使油浮在水面上的榨油方法，"大批土地将要产生果实，沟和运河中的水将要上涨，大地的缝中将要涌出水流。在苏美尔，充溢的油将被倒出，过剩的羊毛将被称量"。在这里，通过加水使油浮到表面，可能是榨油的第一步。

芝麻油是古代美索不达米亚人日常生活中重要的生活用品。在泥板文书的记载中，芝麻油常常被当作人们工资的一部分，而且得到这些芝麻油后，人们都会把它们贮藏起来。此外，芝麻油还是被用作制作许多食物的香料。芝麻油常用来制作甜食和糕点，有时还会被加到啤酒或葡萄酒中。

除了食用功能以外，芝麻油还有着广泛的用途。油和羊毛以及沥青在一起混合后，这种混合物可以用来堵住船的缝隙，在巴比伦文书中就曾提及这种方法。芝麻油还被用来制作清洁物品用的肥皂，灯和火炬的燃烧也离不开油，芝麻油还被用于葬礼和医学领域等。

食品调料

人们的食用调料中最常见的是盐和芥末，在美索不达米亚人的饭桌上通常摆有一个芥末盒和一个盐盒。芥末也常与甘松混在一起，人们通常将芥末就着面包一块吃。有一篇铭文还提到过这两种调料，里面称盐和芥末被亚述国王撒在埃兰的土地上，致使埃兰遭到损毁。

肉桂是人们常用的另一种调料，它在文学作品中常常被作家提及。其他被广泛运用的食物添加剂还有八角、茴香、香菜、马郁兰、郁金香粉、生姜、大蒜、甘松香、百里香、茴香等。

婚嫁习俗

在美索不达米亚，女孩子在结婚前都由父亲保护监管，父亲可以自由决定她的婚姻，如果父亲不在，则由她的兄长来为她做主。如果一个女子因其父亲欠债而作为抵押品来到债主家做工，其婚嫁权利仍在她的父亲或兄长手中；如果她的父亲或兄长都不在，那么这时债权人才可以做主。由于妇女在当时的社会中地位十分低下，因此她们在自己的婚姻问题上没有一丝发言权。

在结婚前，男方需要向女方送去聘礼。男方通常交给未来岳父一笔费用以当作送给女方的聘礼，女方则从她的父亲那儿获得嫁妆，嫁妆的所有权在婚后就转归男方了。《汉谟拉比法典》中对聘礼及身价事宜做出了明文规定。其中，第159条写道："如果自由民将聘礼送至岳父家，在交付完聘金之后，如果他看上了其他女子而对未来的岳父说'我不想娶你的女儿了'，则这个女子的父亲可以把男方送来的一切财物归到自己账下。"上面这一条很好地保护了新娘及其家人的利益，同样，《汉谟拉比法典》中还有保护未婚夫权益的条款。第160条规定："如果自由民将聘礼送至他的岳父家，在他交付完聘金后岳父却反悔说'我不把女儿给你'，则女方应加倍归还一切送来的财物。"其中，还有一条条款是为了防止交付完聘金后节外生枝的，第161条规定："如果自由民将聘礼送到岳父家，交付完聘金后，而他的朋友在新娘及其家人面前对其进行诽谤，于是岳父对新郎说'你不能娶我的女儿'，那么女方应加倍退还一切致送之物，同时，他的朋友也不能娶这个女孩为妻。"

在这里我们可以看到，聘礼类似于预约金，其目的在于证明双方签订婚约的认真程度和严肃态度，同时也是一种保证婚约能够正常履行的手段。

结婚前男女双方再聚在一起举行订婚仪式，由女子未来的丈夫在女子头上喷洒香水并向其献上礼物。这以后，女子就正式成为未来丈夫家中的一员了。如果男方在婚前意外去世，女子就将嫁给他的兄弟；如果男方没有兄弟，她就嫁给他的近亲。相反，如果女方去世，男方又不想娶她的姐妹，那么男方就可以收回所有的聘礼（所送的粮食除外）。

到了婚礼当天，女方家长将新娘交给新郎，新郎在证人面前揭开新娘的面纱并向众人郑重宣布："她是我的妻子。"结婚要有正式的婚约，这样妇女才能获得"妻子"的称号。如果没有这一纸契约，那么这段婚姻就是无效的。但是，如果男女双方没有婚约，但同居两年以上的，也可承认其夫妻身份的合法性。

结婚以后，新人既可以住在女方家中，也可以住到男方家中。如果住在女方家中，那么丈夫就要给妻子留一笔钱来当作她的"保险金"。丈夫死后，除非死者既没有儿子也没有兄弟，要不然这笔钱就不会归女方所有。当然，这笔钱的全部或大部分在夫妻日常的生活中就慢慢花掉了。如亚述法典第26条规定："如果某女人居住在自己父亲的家里，而她的丈夫死了，那么丈夫给她买的一切装饰品，如果她的丈夫有儿子，就可以全部归儿子所有。如果她的丈夫没有儿子，这些物品就归她自己了。"另一方面，如果年轻夫妇要住丈夫家中，那么妻子应该带去嫁妆。嫁妆以及新娘收到的礼物是其子女们的不可剥夺的财产，这笔财产即使是丈夫的兄弟们也无权得到。

一夫一妻制是美索不达米亚在名义上实行的婚姻制度，家庭主要成员有丈夫、妻子和子女。但事实上是，丈夫不仅可以有妻子，还可以有妾。妾与妻子相比，地位较低，她们往往来自女奴群体。作为妾，她们必须尊重并服侍好法定的妻子，即便是已经为主人生有子女的女奴，如果妄图与女主人平起平坐也有可能受到惩罚。当妾与法定妻子一齐上街时，妾才有资格戴上面纱。"妻子"这一称号只属于丈夫的第一位夫人，从丈夫从她头上揭开面纱的那一刻起，她就身份就不容更改了。

如果丈夫死在妻子前面并且没有留下遗嘱，那么寡妇则要继续住在夫家，此时，由她的子女孝敬、奉养她。如果这个女人是二婚，并与前夫育有子女，那么，第二次结婚后所生的子女会把她送回到第一次所生的子女那里。寡妇如果已有幼龄子女，未经法院批准，此女子不得再嫁。如丈夫在打仗时被俘，妻子只有在无法继续维持生活的情况下才可以再嫁。如果丈夫被释放回家，她就应该立刻离开后夫仍回到原来丈夫那儿。

从上面的文字中，我们其实已经能看出，在美索不达米亚夫妻关系是不平等的。丈夫在妻子行为不端时可以再娶；在妻子不能生育和身患疾病的情况下，可以纳妾；如果丈夫认为有必要的话，还可以不经过妻子的同意就离婚。相反，社会对于妻子的要求则严苛得多，最重要的一点就是妻子对于丈夫一定要忠贞。《汉谟拉比法典》第143条规定："如果妻子因为不守妇道而使夫家破产，使其夫蒙羞，那么就应把这个妇人投入水中。"丈夫对妻子的人身自由也拥有着极大的干涉权力，当男子欠债无力偿还时，可以将妻子交予债权人当他的奴隶。

婚前性行为在古巴比伦时期较为普遍，男女之间只要双方情投意合就可以在一起，不合适的话随时可以分开。与有妇之夫同居的女性，身上要佩戴一枚橄榄树枝作为标志，以表示她的身份是妾。不过一旦结婚，女性就不能与其他人发生关系。《汉谟拉比法典》中有条文规定：如果有夫之妇与人通奸，则奸夫、淫妇应被溺毙。

丧葬习俗

在美索不达米亚，人在去世后他的尸体会被人们用亚麻布来包裹。例如，在《吉尔伽美什》史诗中，恩奇都死后，吉尔伽美什"把他的朋友（即恩奇都）包裹上"。主持哀悼的祭司被请来，他负责对死者进行吊唁。吊唁期间，与死者有关的亲属、朋友们会摘掉头饰，脱去帽子，穿上丧服，撕扯自己的头发和胡须。他们纷纷扑倒在地，用刀划破自己的身体来表达他们对死者的深切哀悼。

在《吉尔伽美什》史诗中，吉尔伽美什为恩奇都吊唁了7天7夜，但这可能是史诗为了表达他对恩奇都之死的巨大悲痛而使用的夸张手法。实际上，在美索不达米亚炎热的气候条件下，停尸时间最多只有3天。

在希罗多德的记述中，在吊唁期间尸体会用蜂蜜来保存。不过，这种说法尚未有铭文资料证明其真假。在亚述巴尼拔时期的文书记载中，曾提到了当时的人们用盐来保存尸体。

土葬是最普遍的埋葬方式，不过，在美索不达米亚的许多地方，如乌尔、巴比伦、亚述等已发现有不同时期尸体火化后的遗骸，这似乎表明当时也实行火葬。在苏美尔，普通的百姓死后都埋在城中，有的被埋在寓所的庭院里，有的则直接被埋在房间地板的下面。他们的棺材也很简陋，把两个大陶罐的开口连在一起，这就充当棺材使用了。墓穴以土坯垒制，从而形成一间简陋的墓室。人们为逝者准备的随葬物品也很少，因为他们没有来世轮回的观念。

当然，王公贵族肯定与普通百姓不一样，这表现在丧葬上也是有等级差别的。在苏美尔，国王死后要举行为期三天的吊唁仪式。国王的棺材一般由珍贵石料或石灰石制成，墓穴是用砖砌出的拱顶墓室，陵墓入口有能封闭的青铜大门或用青铜镶的木门，墓室内还有大量的随葬品和殉葬者。

1922年，英国考古学家伍利在苏美尔乌尔遗址发掘出了大批的乌尔王陵，使我们第一次比较全面地了解到苏美尔人的丧葬习俗。这批陵墓的通道均是从地表通往墓穴，坡道底部有士兵、女仆和车马随葬。墓主被放置在墓穴中部的石棺床上，周围也摆放着各种随葬品。这些随葬品绝大部分是精致的手工艺品，有金杯、护身符、宝石项链、竖琴、兽俑等，甚至还有精工镶嵌的全套骰子和筹码等赌具，可谓五花八门，应有尽有。

在著名的普阿比女王墓里，除丰富的随葬品外，还有10余名殉葬者。经仔细研究发现，这些陪葬者并非暴力致死，他们是自愿殉葬的，他们的尸骨全部都一致地向左侧卧躺，排列整齐，他们双膝弯曲、两臂交叠胸前，姿态安详犹如入睡。考古学家还发现，这些陪葬者生前都是为王室服务的人群，如卫士、随从、女侍、乐师等。而且，从墓中情形看来，这些自愿殉葬者在临死前人们曾为他们举行过某种宗教仪式，死前全部都盛装打扮，尤其是妇女。

后来的巴比伦人和亚述人的埋葬习俗与苏美尔人基本相同。人们在去世后，或者被埋在房屋地板下，或者被埋在庭院里。

20世纪初，德国考古学家在亚述古城遗址发掘出了5座国王的陵墓，这也是被人们发现的首批亚述王陵。墓穴就安排在亚述王宫的地板下，可见，亚述国王和普通老百姓的丧葬方式并无两样。大约在2000年以前，这些墓穴曾遭到盗墓者的劫掠，等后来的发掘者们找到这些墓穴时，里面早已空空如也。